Unção do rompedor
Copyright © 2024 by Ariane Iracet
1ª edição: Fevereiro 2024
Direitos reservados desta edição: CDG Edições e Publicações
O conteúdo desta obra é de total responsabilidade do autor e não reflete necessariamente a opinião da editora.

Autora:
Ariane Iracet

Preparação de texto:
Flávia Araujo

Revisão:
Debora Capella
Lays Sabonaro
3GB Consulting

Diagramação e capa:
Jéssica Wendy

DADOS INTERNACIONAIS DE CATALOGAÇÃO NA PUBLICAÇÃO (CIP)

Iracet, Ariane
　　Unção do rompedor : chaves para uma vida de sucesso / Ariane Iracet. — Porto Alegre : Citadel, 2024.
　　144 p.

ISBN 978-65-5047-406-5

1. Vida cristã 2. Bíblia I. Título

24-0266　　　　　　　　　　　　　　　　　　　　　　　　　CDD - 268.3

Angélica Ilacqua - Bibliotecária - CRB-8/7057

Produção editorial e distribuição:

contato@citadel.com.br
www.citadeleditora.com.br

ARIANE IRACET

UNÇÃO DO ROMPEDOR

Chaves para uma vida de sucesso

2024

SUMÁRIO

AGRADECIMENTOS 7

PREFÁCIO 11

APRESENTAÇÃO 15

A UNÇÃO DE ROMPIMENTO NOS FAZ VENCER CAUSAS DIFÍCEIS 23

A MULHER QUE ROMPEU COM AS SUAS LIMITAÇÕES 29

ROMPENDO COM AS CADEIAS DA INJUSTIÇA 35

A UNÇÃO TIRA DE LUGARES DIFÍCEIS 41

É VONTADE DE DEUS QUE VOCÊ ROMPA! 47

A FÉ AJUDA A ROMPER! 57

O QUEBRANTAMENTO GERA ROMPIMENTO! 63

ROMPENDO COM A INTIMIDAÇÃO! 71

A INTIMIDADE COM JESUS FAZ ROMPER LAÇOS! 79

O ROMPIMENTO DE MILAGRES! 87

POR MEIO DA UNÇÃO DE DEUS, GIGANTES CAEM! 93

A UNÇÃO DO ROMPEDOR ABRE FRONTEIRAS! 101

A UNÇÃO DO ROMPEDOR LIBERA ACESSOS! 109

ROMPENDO COM AS CADEIAS DA DESOBEDIÊNCIA! 117

A UNÇÃO DO ROMPIMENTO DA AVAREZA! 123

ROMPENDO COM AS CADEIAS DA PROVAÇÃO! 129

ROMPER A ALIANÇA COM AS TREVAS! 135

AGRADECIMENTOS

Dedico este livro exclusivamente ao senhor Jesus Cristo, pois somente Ele foi achado digno de nos perdoar e redimir nossos pecados.

Ele padeceu para que fôssemos libertos. Ele venceu para que pudéssemos ser vencedores.

Ele triunfou para que pudéssemos ser coparticipantes das suas conquistas.

A Ele a Glória e a honra para sempre, amém.

PREFÁCIO

O rompimento é uma necessidade para todo ser humano que não deseja viver na estagnação. A unção do rompedor acontece na vida de quem toma posição em Deus, rejeitando a miséria, a mediocridade, o marasmo, a vida parada e paralisada.

Deus deseja que você rompa e avance em todas as áreas de sua vida e conquiste a excelência em tudo o que você faz e vive, pois assim provará o melhor de Deus. Acredite, há mais de Deus...

Este livro discorre sobre as várias facetas da unção do rompedor e como a Bíblia nos ensina a romper em todas as esferas e fases da nossa vida.

É uma obra indiscutivelmente ungida e indispensável a todos aqueles que anseiam e buscam por um rompimento genuíno e divino na sua vida.

Além disso, junto com o ensino, você recebe neste livro a capacitação, isto é, a unção do rompedor se manifestará em sua vida a partir desta leitura. Cremos, sim, que a unção despedaça todo e qualquer jugo.

Assim, eu profetizo um destravar e um romper em todas as áreas da sua vida, em nome de Jesus!

Profeta Vinicius Iracet

APRESENTAÇÃO

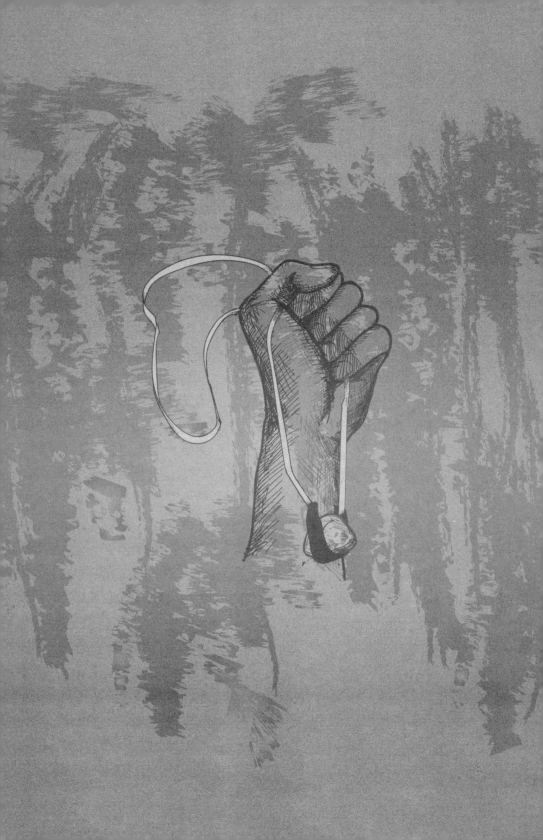

nicio este livro dizendo a você que tudo é possível ao que crê (Mateus 9:23) e que, sim, quando nos sentimos inconformados com a nossa situação de paralisia, já é Deus nos inquietando a uma mudança, a um rompimento.

Todo sentimento de indignação vai levá-lo(a) a uma mudança, à libertação, se você buscar isso em Deus. O Senhor nos incentiva, em sua Palavra, a sermos fortes e corajosos (Josué 1), para que confiemos Nele (Salmo 37 e muitos outros versículos) e nunca venhamos a desistir.

Quando Deus fala em sua Palavra que nos chamou por cabeça e não por cauda (Deuteronômio 28), é porque Ele quer que governemos naquilo que Ele nos chamou.

Às vezes, ao querer o rompimento, acabamos ofendendo alguém, ou mexendo em uma estrutura, mas entenda, não é errado nem vergonhoso desejarmos romper.

É direito seu viver uma vida plena em Deus em todos os sentidos! Não é coisa da sua cabeça, é uma realidade possível ao que crê, que Deus pode fazer grandes coisas por meio de sua vida! Saia do lugar de indignação e entre agora para sua posição de rompimento!

Em Isaías 10:27, a Bíblia diz assim:

"E acontecerá, naquele dia, que a sua carga será tirada do seu ombro, e o seu jugo do seu pescoço; e o jugo será despedaçado por causa da unção."

O jugo é um objeto colocado sobre os bois para que eles sejam conduzidos numa carroça. Ou seja, eles ficavam subjugados, presos ali. Isso representa um tipo de escravidão, de aprisionamento. Nesse versículo de Isaías há uma representação física, mas, no mundo espiritual, o jugo representa uma espécie de aprisionamento, escravidão espiritual, em que uma pessoa é colocada debaixo daquela aflição e não consegue se desvincular.

A Bíblia diz que a unção despedaça o jugo (Isaías 10:27), e quem tira essa carga dos nossos ombros é Deus.

Essa unção é proveniente da presença do Pai, da presença do Filho, da presença do Espírito Santo. E esse rompimento do jugo é uma unção de Libertação. Por isso, todos aqueles que querem romper na vida, todos aqueles que pensam dessa maneira:

"Eu não quero mais a minha vida travada."

"Eu não quero mais ter sonhos e ficar paralisado."

"Eu não quero mais idealizar as coisas e não realizar nada."

"Eu não quero mais somente procrastinar e não conseguir ir adiante."

"Eu não quero mais ser travado por um muro espiritual, por um jugo, algo que venha me prender."

"Eu não quero mais isso para a vida."

Pessoas que pensam assim podem receber a unção de libertação!

Eu estava orando pelas pessoas na igreja e, quando uma senhora veio na minha direção, Deus me disse: "Estou liberando uma unção de rompimento na vida dela".

Quando declarei que estava sendo liberada aquela unção de rompimento, ela começou a reagir e manifestou um espírito imundo. Então Deus me falou: "A unção do rompedor é aquela que despedaça o jugo", e Deus me mostrou que aquilo que estava sobre ela estava rompendo, ou seja, estava se desfazendo, sendo quebrado. E foi muito forte aquele momento, quando Deus estava falando comigo no meio da ministração; Ele me falou: "A unção de libertação vem para romper!".

A unção rompe tudo aquilo que prende, tudo aquilo que aprisiona, tudo aquilo que deixa a pessoa debaixo de um jugo, de uma limitação, de uma amarração. Essa unção do Espírito Santo vai romper essas cadeias, essas amarras espirituais, vai romper essa opressão, e o mal não vai resistir e vai cair!

Quando as amarras e as cadeias são rompidas e quebradas, a unção que vem sobre a nossa vida para despedaçar o jugo (as cadeias, as correntes, os ferrolhos) traz libertação! Então conseguimos nos movimentar e concretizar aquilo que planejamos, nos livrando de amarras, parando assim de procrastinar.

Deus opera na libertação! Então, chega de se sentir aprisionado, de sentir que tem um peso sobre a sua vida, que as coisas não vão para a frente, que sua vida financeira e amorosa não rompe. Essas amarras vão ser rompidas, destruídas pelo poder do nome de Jesus! Por isso a libertação é um ministério que não deve ser desconsiderado.

Para prosseguirmos e acessarmos outras coisas na nossa vida, Deus precisa limpar, purificar, tirar tudo aquilo que nos amarra e prende. E a unção de libertação é exatamente isso!

O que Jesus fazia? Ele pregava a Palavra, curava os enfermos e libertava aqueles que estavam oprimidos pelo diabo. Porque Jesus sabia que, se não fossem rompidas as amarras e a opressão espiritual na vida das pessoas, as suas vidas continuariam as mesmas.

Todos que Jesus libertou tiveram uma mudança de vida. Um exemplo disso é o jovem lunático (Marcos 9; Lucas 9). A Bíblia diz que ninguém conseguia resolver o problema dele. Quando Jesus o libertou, ele passou a ter uma vida normal.

O endemoniado Gadareno (Marcos 5) também já estava totalmente desestruturado pelas trevas, morando no meio dos sepulcros, tendo uma vida derrotada, destruída. A Bíblia diz que ele clamava dia e noite no meio dos sepulcros, ou seja, ele chorava, sua alma provavelmente gritava, se cortava com pedras, andava sem vestes, ninguém o podia amansar. Nenhuma cadeia podia segurar aquele homem porque ele estava vivendo uma vida debaixo de uma opressão. Jesus veio e o libertou, e ele ficou totalmente são, em perfeito juízo.

A unção do rompedor, que vem para quebrar o jugo, veio para tornar as pessoas livres. E vou dizer que, se há esse sentimento de vida parada, amarrada, e você não consegue ir para a frente em determinadas áreas da vida, precisa dessa unção que despedaça o jugo. Você precisa deixar Deus trabalhar, porque precisa querer a libertação!

00

*"Sujeitai-vos, pois, a Deus, resisti
ao diabo, e ele fugirá de vós."*

(Tiago 4:7)

Quando você se dirige a Deus e diz "Deus, eu quero uma mudança na minha vida, não quero mais viver assim, quero romper, quero ter uma vida diferente!", está se posicionando e se sujeitando a Deus, e as amarras serão rompidas!

A UNÇÃO DE ROMPIMENTO NOS FAZ VENCER CAUSAS DIFÍCEIS

Nós sempre imaginamos o rompimento como uma bênção, algo especial, mas, na verdade, existe uma profundidade, um significado no romper. O rompimento está totalmente ligado ao ministério de libertação.

A Bíblia diz que a unção de Deus despedaça o jugo. O que isso significa? Significa que a unção traz libertação! Porque jugo é tudo aquilo que causa escravidão, subjuga e coloca a pessoa em uma situação única, em que ela não consegue se locomover, não consegue se guiar por outro caminho por causa daquela escravidão espiritual.

O jugo ocorre quando o inimigo aprisiona uma pessoa e ela sofre uma limitação. Por isso muitos não conseguem avançar, seja nos negócios, seja em outras esferas da vida. Quando, por exemplo, a pessoa está debaixo do jugo dos vícios, este a subjuga na drogadição, no alcoolismo ou vícios em jogos, em apostas, fazendo a pessoa colocar fora o fruto do seu trabalho.

Isso diz respeito a uma escravidão espiritual, em que a pessoa está sujeita àquela condição e não consegue sair, não consegue romper e se libertar. Ou seja, ela vive sempre a mesma situação por anos a fio. Parece que não muda, não vai para a frente, está sempre tudo igual. Mas há poder no nome do Senhor Jesus Cristo para libertar. Em Deus todos podem conseguir romper!

Tenho convicção disso porque a Palavra de Deus me respalda, e Ela diz que a unção de Deus despedaça o jugo. A unção de Deus veio para nos libertar! Aleluia!

A Palavra de Deus diz:

*"Porque tu acenderás a minha candeia; o
Senhor meu Deus iluminará as minhas trevas.
Porque contigo entrei pelo meio duma tropa,
com o meu Deus saltei uma muralha."*

(Salmos 18:28,29)

Quando estamos com Deus, o Senhor acende a nossa candeia, nos dá a direção precisa, exata, para onde devemos ir, e a força necessária para vencermos as adversidades. Assim, prevalecemos onde tudo dizia que não era possível!

Esse é um salmo de Davi. Ele provavelmente salmodiava aquilo que vivia com Deus, momentos em que ele prevalecia contra seus inimigos. Todo esse Salmo fala de um grande triunfo de Davi, com ajuda de Deus.

Ele afirma que com Deus entrou pelo meio de uma tropa. O que significa tal expressão? Quando uma pessoa rompe, ela entra no meio dos seus inimigos para os destruir, para os assolar, então, entrar pelo meio de uma tropa significa se apressar com violência contra os seus opositores. E também pode representar inimigos espirituais, como retrata a Bíblia.

Quando você está com Deus, entra no meio da tropa para vencer, não obstante seja um exército fortificado.

Esse não foi qualquer Salmo, pois Davi tinha tido uma grande vitória contra os seus adversários. Nesse Salmo Davi exaltou a Deus, porque sabia que aquilo que ele realizou foi com a ajuda Dele. Isto é, com Deus ele conseguiu romper aquela tropa.

Davi sabia que essa ousadia e intrepidez não eram mérito dele, mas que o crédito e a honra eram devidos a Deus. Ele entendia que sem Deus não seria nada, não mataria urso, não derrubaria gigante, nem seria ungido Rei. Mas com Deus ele entrava no meio de uma tropa para sair vitorioso, mesmo que fosse um exército fortificado. Deus era com ele para vencer e triunfar contra os inimigos!

Nesse sentido, mesmo que todo um exército das trevas ou que muitas pessoas se levantem contra você, se estiver firmado, estabelecido, em Deus, entrará no meio deles e vencerá!

A Palavra de Deus diz que Davi não só entrou pelo meio de uma tropa, mas também que, com Deus, ele saltou uma muralha. Isso significa que ele saiu vitorioso e ainda teve o escape.

Saltar uma muralha representa ser liberto, como se tivesse saltado uma cerca. Davi conseguiu escalar as paredes do inimigo e garantir a vitória. E na nossa vida, às vezes é isso que acontece, parece que um exército se levanta e nos cerca. Mas saiba que, se você aceitar Jesus, hoje, como seu Senhor e Salvador e fizer uma aliança com Deus, poderá declarar: "Eu quero o mesmo Deus que Davi servia, o Deus que o ajudava a passar pelo meio da tropa, a saltar a muralha e vencer! Deus, a partir de hoje, é o Senhor que luta as minhas guerras, é o Senhor que vai me fazer romper toda tropa que possa ter se formado contra a minha vida para me aprisionar ou para querer me derrotar". Então, a unção de Deus que despedaça o jugo lhe fará vencedor, lhe soltará das amarras que o prendem para sair triunfante contra os inimigos que se opõem espiritualmente.

O inimigo não vai prevalecer! A Palavra de Deus afirma:

$$\square\square$$

"Toda ferramenta preparada contra ti não prosperará, e toda língua que se levantar contra ti em juízo, tu a condenarás;"

(Isaías 54:17a).

A MULHER QUE ROMPEU COM AS SUAS LIMITAÇÕES

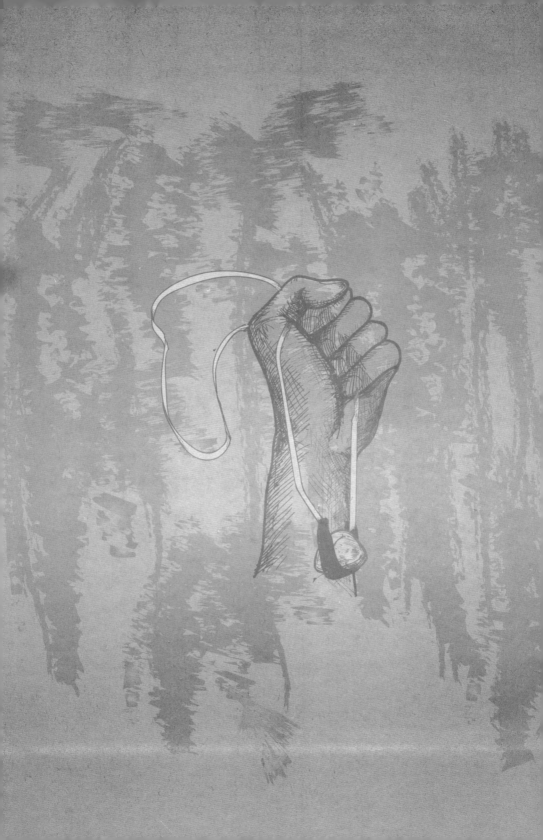

00

*"E estava ali certa mulher que havia doze anos
vinha sofrendo de uma hemorragia e gastara
tudo o que tinha com os médicos; mas ninguém
pudera curá-la. Ela chegou por trás dele, tocou na
borda de seu manto, e imediatamente cessou sua
hemorragia. 'Quem tocou em mim?', perguntou
Jesus. Como todos negassem, Pedro disse: 'Mestre,
a multidão se aglomera e te comprime'. Mas
Jesus disse: 'Alguém tocou em mim; eu sei que de
mim saiu poder'. Então a mulher, vendo que não
conseguiria passar despercebida, veio tremendo
e prostrou-se aos seus pés. Na presença de todo
o povo, contou por que tinha tocado nele e como
fora instantaneamente curada. Então ele lhe
disse: 'Filha, a sua fé a curou! Vá em paz'."*

(Lucas 8:43-48)

Por onde Jesus passava as multidões afluíam. A Bíblia diz que todos os enfermos eram curados; aqueles que eram possessos por espíritos imundos ficavam sãos e libertos. Onde se ouvia falar que Jesus passaria, uma multidão vinha para receber de Deus o seu milagre, sua libertação. Nesse contexto havia uma mulher que estava enferma por muito tempo, sangrando, muitos anos sofrendo. Não havia médico a que ela não tivesse recorrido.

Quantas vezes isso acontece conosco também! Aconteceu comigo, na minha adolescência: os meus pais me levaram a muitos médicos, mas eles não conseguiam resolver o meu problema de saúde. E conheci Jesus por causa disso. Jesus me tocou...

Essa mulher do fluxo de sangue estava assim, era uma mulher que provavelmente fazia muito tempo não vivia na sociedade, porque, quando uma mulher sangrava, ela tinha que se afastar, não podia estar no meio de uma multidão naquela época. Mas aquela mulher sabia que naquele dia Jesus iria passar e que talvez ela não tivesse a mesma oportunidade outra vez.

A Bíblia diz que então essa mulher rompeu a multidão, ou seja, ela conseguiu entrar no meio de uma multidão de pessoas para poder tocar em Jesus. E quando ela rompeu a multidão, conseguiu tocar na orla das vestes de Jesus. E quando tocou em Jesus, ela rompeu a multidão, rompeu em fé, rompeu a vergonha, a dor da enfermidade, os anos que assolaram a sua vida, o diagnóstico do médico que dizia que não tinha solução para o caso dela.

Mas Jesus perguntou: "Quem me tocou? Eu senti que poder saiu de mim!". Então Pedro disse: "A multidão está te apertando e o senhor ainda diz quem me tocou?".

Mas Jesus disse: "Não, alguém me tocou de maneira diferente! Alguém me tocou com a expectativa de que algo pudesse ser dado a essa pessoa". Então a mulher se manifesta e diz: "Eu te toquei, Jesus".

Em outras palavras, ela estava dizendo: "Eu te toquei, Jesus, porque eu não aguentava mais essa vida, não aguentava mais a vergonha e o sofrimento da enfermidade. Eu te toquei, Jesus, porque eu não suportava mais ouvir as pessoas dizendo que eu não iria conseguir".

Essa mulher rompeu todas as suas limitações e dificuldades e foi curada. Por isso, não desanime quando as previsões do homem, do médico ou dos seus parentes não forem boas. Se dizem que você nunca vai vencer na vida ou que nunca vai conseguir atingir seus objetivos, pois é incapaz disso, com Deus você vai romper, com Jesus na sua vida vai conseguir, vai ir adiante, vai receber o toque de Deus, o toque do Espírito Santo para ter uma mudança na sua vida!

ROMPENDO COM AS CADEIAS DA INJUSTIÇA

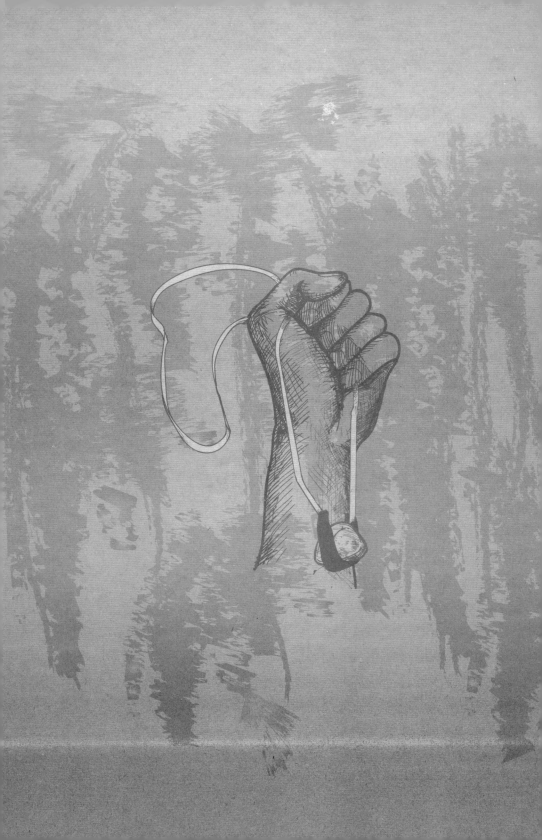

Daniel passou por uma grande injustiça, teve que enfrentar uma sentença por causa da sua fé, da sua devoção a Deus.

Muitas vezes o que motiva pessoas a quererem prejudicar o outro é não suportarem ver o que Deus está fazendo, e usam a arma do ataque e da injustiça para quererem trazer danos. Isso aconteceu com Daniel, um homem que procurava fazer tudo certo, mas mesmo assim se levantaram contra ele.

No livro de Daniel, a Palavra diz:

00

"Então estes homens disseram: Nunca acharemos ocasião alguma contra este Daniel, se não a acharmos contra ele na lei do seu Deus.

Então estes presidentes e príncipes foram juntos ao rei, e disseram-lhe assim: Ó, rei Dario, vive para sempre!

Todos os presidentes do reino, os capitães e príncipes, conselheiros e governadores, concordaram em promulgar um edito real e confirmar a proibição de que qualquer um que, por espaço de trinta dias, fizesse uma petição a qualquer deus, ou a qualquer homem, e não a ti, ó rei, fosse lançado na cova dos leões.

*Agora, pois, ó rei, confirma a proibição, e assina o
edito, para que não seja mudado, conforme a lei
dos medos e dos persas, que não se pode revogar.*

*Por essa razão o rei Dario assinou
o edito e a proibição.*

*Daniel, pois, quando soube que o edito estava
assinado, entrou em sua casa (havia no seu
quarto janelas abertas do lado de Jerusalém),
e três vezes no dia se punha de joelhos, e
orava, e dava graças diante do seu Deus,
como também antes costumava fazer."*

(Daniel 6:5-10)

A unção do rompedor veio sobre a vida de Daniel e ele rompeu as cadeias da injustiça, da sentença de morte, por meio da oração. Foi assim que Daniel rompeu toda a injustiça que havia contra a sua vida. A Bíblia diz que quando ele soube do edito, colocou-se a orar.

Deus ouve a oração, o clamor, a súplica. Pelo poder das orações de Daniel, toda a cadeia da injustiça, toda a sentença da morte foi rompida, foi rasgada.

Daniel era um homem profético, que mergulhava no sobrenatural. Ele orava três vezes ao dia. O número 3 representa Deus, e havia, no seu lugar de oração, janelas abertas para o lado de Jerusalém, ou seja, ele orava em direção a Jerusalém, como ato profético de que, mesmo estando em uma terra distante, não se esquecia de onde vinha, quem ele era e quem era seu Deus.

A oração tirou Daniel daquela cova ileso, porque Deus invalidou a sentença que havia sido feita pelos homens contra ele. Ele não tinha culpa, mas estava condenado à morte. Ele foi injustiçado pelas leis dos homens e por aquele a quem serviu, pelas leis que muitas vezes não são justas, e foi injustiçado pelos seus companheiros de trabalho.

Quantas vezes colegas de trabalho querem "cravar a faca", prejudicar o outro, "puxar o tapete", tomar a frente nas promoções ou benefícios, muitas vezes de maneira injusta, de maneira que não é correta, de maneira ímpia. E foi o que aconteceu com Daniel, pois lançaram um edito, e esse edito levou-o a uma cova, à sentença de morte. Mas a lei de Deus não falha, a ação Dele não falha! Porque Deus é fiel e opera com seu grande poder! Ele é poderoso para fazer, Ele é poderoso para realizar!

Durante minha vida, já recebi muitos relatos de pessoas, inclusive concursadas, que chegaram até mim oprimidas por causa de injustiças no trabalho, de gente que se levantou e as fez ter vontade de sair do trabalho e desistir. Isto é, mesmo sendo uma pessoa na posse de um cargo público, ela pensa em desistir por causa da opressão que sofre ali.

Isso não é nada bom, porque a pessoa vai perder a bênção, largar o emprego que Deus lhe deu. Houve uma permissão de Deus para ela passar naquele concurso público, para ela ser uma pessoa vitoriosa e ter aquele salário fixo, aquela fonte de renda. Mas diante da opressão dos colegas, de gente cometendo injustiças contra a sua vida, pessoas pensam desistir.

Eu profetizo sobre a vida daqueles que estão passando por essa situação que Deus vai quebrar e despedaçar todo o jugo da injustiça! Assim como fez na vida de Daniel, que foi lançado na cova dos leões pela mão dos homens, mas, pela mão de Deus, a boca dos leões foi fechada, e Daniel foi tirado da cova.

Os homens jogaram na cova, os homens "abriram a boca dos leões" para devorarem Daniel, porém, Deus colocou a Sua mão, despedaçando o jugo da injustiça e do edito. Deus tapa a boca do leão e tira da cova, tira do laço da morte, e ainda restitui a posição de autoridade.

Creio nesse agir de Deus que despedaça o jugo da injustiça, que despedaça o jugo da língua venenosa, das ações malignas contra a vida da pessoa. Creio em um Deus que realiza justiça, porque Ele é grande e poderoso para despedaçar todo jugo que queira fazer mal. Deus é fiel!

A UNÇÃO TIRA DE LUGARES DIFÍCEIS

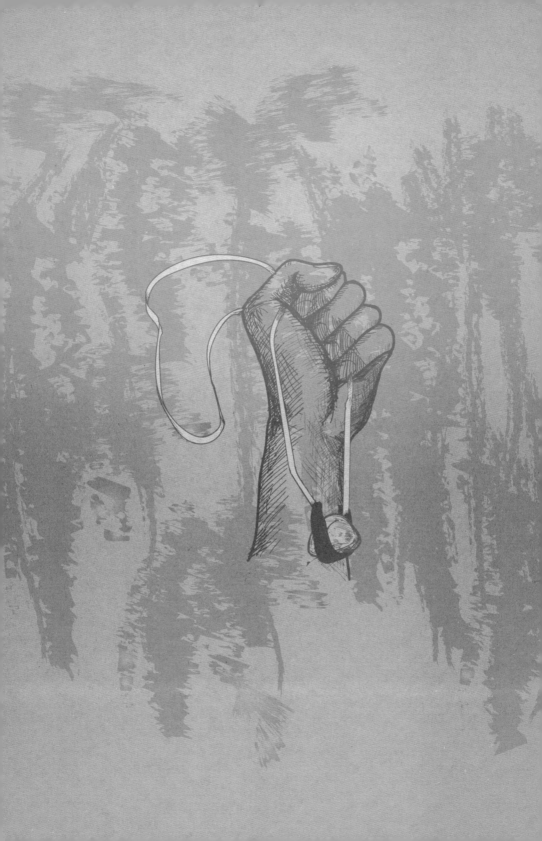

Quando Deus age, a unção de libertação vem rompendo as cadeias, os grilhões, as amarras, existe um alívio. Uma alegria posterior sobrevém na vida daquele que foi livre e liberto. O mal é quebrado, é destruído, e a pessoa vai aprender realmente a ter uma vida livre em Cristo Jesus. É assim que Deus opera, derramando a sua unção.

A unção de libertação é importante no corpo de Cristo, pois limpa, tira as amarras, as prisões, para que a pessoa realmente possa ter uma vida plena e avance! Deus quebra as cadeias, Ele destrói fortalezas, abre prisões!

Em Atos 16:23-28 está escrito:

00

"E, havendo-lhes dado muitos açoites, os lançaram na prisão, mandando ao carcereiro que os guardasse com segurança.

O qual, tendo recebido tal ordem, os lançou no cárcere interior, e lhes segurou os pés no tronco.

E, perto da meia-noite, Paulo e Silas oravam e cantavam hinos a Deus, e os outros presos os escutavam.

E de repente sobreveio um tão grande terremoto, que os alicerces do cárcere se

*moveram, e logo se abriram todas as portas,
e foram soltas as prisões de todos.*

*E, acordando o carcereiro, e vendo abertas as
portas da prisão, tirou a espada, e quis matar-
se, cuidando que os presos já tinham fugido.*

*Mas Paulo clamou com grande voz, dizendo: 'Não
te faças nenhum mal, que todos aqui estamos'."*

Paulo e Silas estavam na prisão, orando à meia-noite, cantando, louvando, buscando a presença de Deus! Que tremendo o que Deus realiza! Eles haviam libertado uma jovem que tinha um espírito imundo, e, depois disso, como ela dava muito dinheiro aos seus senhores, por meio daquele espírito de adivinhação, estes ficaram tão irados que foram contra eles. Paulo e Silas foram açoitados e presos pelos pés, colocados numa prisão, ficaram ali encarcerados. Ou seja, sofreram açoites e ainda foram presos por fazerem o bem, por trazerem a libertação àquela jovem. Mas Deus colocou a mão sobre eles enquanto oravam e cantavam hinos a Deus. A Bíblia diz que veio um terremoto que chacoalhou os alicerces daquelas prisões, que estremeceu tudo o que estava ali, e logo todas as portas se abriram e todos foram soltos.

Veja que esse terremoto poderia ter aberto somente as portas, mas abriu as cadeias dos prisioneiros. Isso é uma ação sobrenatural que veio sobre Paulo e Silas para que eles pudessem sair daquele cárcere, daquele lugar onde teriam que permanecer, talvez, até a morte. Mas Deus os tirou daquela situação difícil!

Todo cárcere, prisão, cadeia, todo cadeado e porta de ferro são representações de resistências espirituais, que não querem soltar a vida de uma pessoa. Por isso, quando uma pessoa está numa situação difícil, ela geralmente não consegue sair sozinha, precisando de intervenção de fora, ou de Deus mesmo.

O socorro pode vir do alto; se você levantar os olhos para os montes, o seu socorro virá do Senhor:

> *"Levantarei os meus olhos para os montes, de onde vem o meu socorro. O meu socorro vem do Senhor que fez o céu e a terra."*
>
> (Salmos 121:1,2)

Assim como existe o cárcere físico, as prisões concretas do mundo natural, existem as prisões espirituais. Às vezes a pessoa não está em prisões físicas, mas está em uma prisão emocional, e não consegue sair daqueles pensamentos obsessivos ou do isolamento, entrando até mesmo em depressão e não conseguindo sair.

Muitas vezes são forças espirituais agindo para que a pessoa fique naquela prisão espiritual, porque, enquanto ela está ali, presa, não consegue se mover, não tem nem mesmo inspirações, idealizações, porque são amarras mentais que prendem os pensamentos e os sentimentos da pessoa. Mas Deus é poderoso para derramar a Sua unção, a unção que despedaça o jugo. E é isso que todos querem, uma vida livre de pesos, de opressões e ataques.

Sabemos que os ataques vêm, mas, quando estamos em oração, em adoração, como Paulo e Silas estavam (Atos 16), sabemos que existe a intervenção de Deus. Ou seja, o mal pode querer prender, pode até prender por um instante, mas, quando a pessoa está em oração, aquele mal tem que cair por terra!

Quem não quer ficar livre das amarras? Ninguém quer estar amarrado, ter amarração emocional, por exemplo, e passar por tristezas, por desânimos, por ataques à mente, por problemas amorosos ou por dificuldades financeiras. Mas Deus tem o poder de nos arrancar de lugares difíceis e das sentenças de morte.

É VONTADE DE DEUS QUE VOCÊ ROMPA!

Deus é poderoso para realizar muito mais do que podemos imaginar. Na verdade, temos uma mente muito limitada em relação ao que é realmente o poder de Deus. O poder de Deus não tem limites. Quando o homem pensa que é o fim, que está difícil demais, que é impossível realizar algo, Deus sempre surpreende o homem nos Seus feitos e nas Suas realizações!

O Deus criativo que criou todas as coisas, operou e ainda opera maravilhas é o mesmo ontem, hoje, e sempre será! Ele é o Alfa e Ômega, Ele é o Princípio e Fim.

A Bíblia diz:

00

"... é o Senhor Deus, o Todo-Poderoso,
que era, e que é, e que há de vir."

(Apocalipse 4:8c)

Deus não muda, a natureza de Deus não se altera. Ele é Poderoso, Ele é Grande, Ele é Bom, é Santo. As características de quem Deus é são imutáveis! Deus sempre continuará sendo o Deus que faz o impossível acontecer!

Libertação é bênção, não é maldição nem peso. Você não pode ter medo do ministério da libertação, pois ele faz parte do Ide, faz parte dos sinais de Deus, daquilo que Ele tem para nossa vida romper.

A Bíblia relata:

⧾⧾

"*Então disse o Senhor a Moisés: Por que clamas a mim? Dize aos filhos de Israel que marchem.*

E tu, levanta a tua vara, e estende a tua mão sobre o mar, e fende-o, para que os filhos de Israel passem pelo meio do mar em seco.

E eis que endurecerei o coração dos egípcios, e estes entrarão atrás deles; e eu serei glorificado em Faraó e em todo o seu exército, nos seus carros e nos seus cavaleiros,

E os egípcios saberão que eu sou o Senhor, quando for glorificado em Faraó, nos seus carros e nos seus cavaleiros.

E o anjo de Deus, que ia diante do exército de Israel, se retirou, e ia atrás deles; também a coluna de nuvem se retirou de diante deles, e se pôs atrás deles.

E ia entre o campo dos egípcios e o campo de Israel; e a nuvem era trevas para aqueles, e para estes clareava a noite; de maneira que em toda a noite não se aproximou um do outro.

Então Moisés estendeu a sua mão sobre o
mar, e o Senhor fez retirar o mar por um forte
vento oriental toda aquela noite; e o mar
tornou-se seco, e as águas foram partidas.

E os filhos de Israel entraram pelo meio
do mar seco; e as águas foram-lhes como
muro à sua direita e à sua esquerda.

E os egípcios os seguiram, e entraram atrás
deles todos os cavalos de Faraó, os seus carros
e os seus cavaleiros, até ao meio do mar.

E aconteceu que, na vigília daquela manhã, o
Senhor, na coluna do fogo e da nuvem, viu o campo
dos egípcios; e alvoroçou o campo dos egípcios.

E tirou-lhes as rodas dos seus carros, e
dificultosamente os governavam. Então disseram
os egípcios: Fujamos da face de Israel, porque
o Senhor por eles peleja contra os egípcios.

E disse o Senhor a Moisés: Estende a tua mão sobre
o mar, para que as águas tornem sobre os egípcios,
sobre os seus carros e sobre os seus cavaleiros.

Então Moisés estendeu a sua mão sobre o mar,
e o mar retornou a sua força ao amanhecer, e os
egípcios, ao fugirem, foram de encontro a ele, e
o Senhor derrubou os egípcios no meio do mar."

(Êxodo 14:15-27)

A unção de libertação, de rompedor, estava sobre a vida de Moisés. Ele estava imbuído de autoridade. Quando Deus entregou a vara a Moisés, que se transformara em cobra e voltara a ser vara, Deus estava demonstrando a autoridade de Moisés sobre os demônios e principados que agiam sobre o Egito. Deus estava liberando uma autoridade sobre a vida de Moisés para libertar toda aquela nação. Ele não saiu sozinho daquele lugar de escravidão onde os hebreus ficaram cativos por mais de 430 anos. Era a unção de rompedor!

É por isso que a Bíblia diz que a serpente de Moisés engoliu as serpentes dos magos de Faraó; porque aquilo representava que a autoridade de Deus era maior do qualquer principado ou ação diabólica. Por meio desse sinal, Deus estava dizendo: "O meu poder é maior!".

Isso porque Deus é o Deus dos deuses. Os espíritos imundos têm que se sujeitar ao poder de Deus, os demônios tremem diante da Sua presença, diante da Palavra de Deus.

Eles conhecem o Senhor e tremem porque não podem ir além daquilo que Deus permite, porque Deus é grande, é soberano, é poderoso, e quando Ele age o diabo precisa se calar!

Deus colocou uma coluna de nuvem e uma coluna de fogo para guiar o povo de Deus, e isso representava a sua Glória, a sua Presença e proteção. Dessa forma, os egípcios e todo o exército do faraó não conseguiram enxergar o povo de Deus.

A Bíblia diz que essa unção do rompedor, a unção de Deus que despedaça o jugo, unção de libertação, estava sobre a vida de Moisés! Ele estendeu aquela vara e o mar abriu, e o povo passou!

Houve um rompimento. Essa abertura do mar foi um rompimento para aquele povo que estava escravizado. Isso também era uma representação espiritual, porque Moisés, como libertador, também apontava para Jesus, o libertador maior.

Todo o Antigo Testamento aponta para Jesus, ou seja, o libertador que tira a pessoa de um lugar, do Egito (mundo), e leva por um caminho (Jesus), rumo à terra prometida (vida plena e Céu). Deus é aquele que nos tira de um lugar de trevas, por meio de Jesus, nos leva a um lugar de liberdade, onde não ficamos mais subjugados pelo diabo, representado pelo faraó egípcio.

Deus é poderoso para agir na nossa vida, para que haja rompimento, libertação. Por isso, quando estamos verdadeiramente em Jesus, as trevas não prevalecem! O inimigo tem que morrer no mar, o exército das trevas deve cair por terra, ficar embaraçado na lama e embaraçado espiritualmente.

A Bíblia decreta:

00

*"Envergonhados e confundidos serão
todos que se levantarem contra ti!"*

(Isaías 41:11a)

Foi o que aconteceu: confusão no exército do Egito, que queria prevalecer contra o povo e não queria permitir a sua libertação.

O diabo é assim, quando ele está aprisionando uma pessoa, não quer que ela saia daquela condição, então vai pelejando, perseguindo, tentando puxar de novo a pessoa para o mundo, para a opressão, para escravidão. Mas ela está firme em Deus, o Senhor a faz passar para o outro lado do mar, o Senhor Jesus a faz sair de um campo minado, de escravidão, de trevas, e a transporta para sua maravilhosa luz, para sua presença gloriosa, para um lugar onde existe rompimento de prisões, de amarras, de tudo aquilo que se queria paralisar, prender ou colocar em escravidão.

Essa é a unção do rompedor, é a unção de Deus que despedaça o jugo, que nos tira dos lugares de trevas, de solidão, de tristeza, de desânimo, de prostração.

Sabe quando a pessoa está em um quarto e quer viver só ali? Isso é uma opressão, uma escravidão espiritual que não quer deixá-la romper, avançar e ser totalmente livre. Mas Jesus tem poder! Não se preocupe se você está nessa condição hoje, saiba que Jesus tem poder para lhe dar ânimo novamente para viver.

Deus libertou o povo! O impossível Deus faz acontecer! Deus é especialista em causas impossíveis, em confundir adversários, em desfazer os conselhos de guerra, em desfazer trama ou ciladas.

Deus dá livramento ao seu povo, Deus traz libertação a ele. E é isso que Deus quer para sua vida! Ele não quer que você fique preso, subjugado, amarrado pelas trevas, preso em pensamentos de derrota e tristeza. Deus trabalha assim na nossa vida: Ele tira a mentalidade de derrotado, Ele tira as nossas limitações e rompe os horizontes na nossa vida! Aleluia!

00

E tudo aquilo que estava parado,
onde não havia criatividade, onde não havia
mais sonhos, não havia mais esperança, Deus
rompe a sua visão e Deus lhe faz ver além.
É da vontade de Deus que você fique bem!

A FÉ AJUDA A ROMPER!

Tenho certeza de que cadeias e laços estão se rompendo. A unção que despedaça o jugo está quebrando muitas cadeias durante esta leitura.

Você já imaginou a eficácia do poder libertador do Senhor? Não? Pois digo a você que é algo bom e maravilhoso.

A libertação foi o ministério que Deus me deu, e quero comunicar essa bênção, essa unção sobre a sua vida e sua família, porque creio no poder de Deus.

00

"A Fé não é somente uma palavra, mas a fé é o firme fundamento das coisas que se esperam, é a prova das coisas que não se veem."

(Hebreus 11:1)

Como é difícil entender esse versículo! Lembro que, quando me converti, ele dava um nó na minha cabeça. Mas essa Palavra quer dizer que a fé já tem a certeza de que vai acontecer, a fé na sua vida já tem a certeza de que a porta está aberta logo ali na frente!

Existe um segredo espiritual na palavra chamada fé. A fé não é só um sentimento ou uma emoção, é uma chave espiritual! Quando você tem a certeza do que vai acontecer, está sendo gerado algo no seu interior chamado fé. E essa fé, essa certeza que você tem de que vai acontecer, abre uma porta espiritual! Quando você tem fé, algo se abre.

A fé não é somente uma palavra, mas um segredo espiritual. Quando se tem fé, uma porta se abre no mundo espiritual, e depois se verá ela externada, ou seja, fisicamente manifesta na vida das pessoas. Porque a fé é a certeza. Quando se está na prática, no exercício da fé, acredita-se que vai acontecer, que a porta já se abriu, que se viverá coisas extraordinárias, o melhor de Deus aqui nessa Terra. A fé é também a certeza de que se vencerá, que se conseguirá sair das dificuldades, pois se acredita nas promessas liberadas por Deus!

Quando essa fé é fundamentada, calcada, em um coração, ela também é uma chave espiritual que já está abrindo a porta, porque, pelos olhos da fé, já se pode ver a porta aberta, e verdadeiramente a porta estará aberta quando alguém, no tempo de Deus, tiver que cruzar por ela. Aleluia!

Então essa unção do rompedor também se manifesta na fé, porque, quando você tem fé, a porta abre, rompe!

Não existem cadeias que permaneçam diante de uma pessoa cheia de fé. Quando se tem fé, impera a certeza: "Eu vou sair daqui, vou vencer na vida, vou conseguir, porque eu tenho fé, eu acredito!".

Repito! A fé é uma chave espiritual da parte de Deus! Quando você tem fé, liberações acontecem! A fé rompe o sobrenatural, abre acessos espirituais. É como se uma porta se abrisse antes de você abri-la, porque o acesso foi liberado por meio da fé. Uma fé sobrenatural, pela qual a pessoa crê com o coração totalmente inteiro e aquilo se realiza!

Nossa fé deve ser bem fundamentada na Palavra, que diz:

"Sem fé é impossível agradar a Deus."

(Hebreus 11:6a)

"De sorte que a fé é pelo ouvir, e o ouvir pela palavra de Deus."

(Romanos 10:17a)

Esses versículos geram a fé sobrenatural dentro de nós, pela qual temos a certeza de que Deus já está lá, no futuro, para liberar as promessas sobre nós!

O QUEBRANTAMENTO GERA ROMPIMENTO!

Algo ficar parado na vida, que parece não frutificar, não prosperar, acontece com muitas pessoas. A unção que despedaça o jugo é aquela que quebra o que pesa, que impede de ir além. Tudo aquilo que era infrutífero, que era estéril, Deus traz à vida, porque a unção de Deus que despedaça o jugo e traz libertação está vindo sobre essa vida!

Deus me entregou algo relativo à libertação. Sempre gostei e achei bonitos os louvores, mas a palavra de Deus, que o Senhor me entregou para ministrar, é da unção de libertação. Jamais imaginei que seria usada nesta área, mas sinto prazer hoje, porque entendo a importância do ministério de libertação.

Às vezes esse ministério é refutado pelas pessoas, geralmente porque elas têm medo do mundo espiritual. Mas a grande verdade está em Efésios 6! Precisamos, sim, nos revestir de toda a armadura de Deus e lutar com as armas espirituais que o nosso Deus deixou para nós.

00

ROMPENDO A ESTERILIDADE

"E levantaram-se de madrugada, e adoraram perante o Senhor, e voltaram, e chegaram à sua casa, em Ramá, e Elcana conheceu a Ana sua mulher, e o Senhor se lembrou dela.

*E sucedeu que, passado algum tempo,
Ana concebeu, e deu à luz um filho, ao
qual chamou Samuel; porque, dizia
ela, o tenho pedido ao Senhor.*

*E subiu aquele homem Elcana com
toda a sua casa, a oferecer ao Senhor o
sacrifício anual e a cumprir o seu voto.*

*Porém Ana não subiu; mas disse a seu
marido: 'Quando o menino for desmamado,
então o levarei, para que apareça perante
o Senhor, e lá fique para sempre'."*

(1 Samuel 1:19-22)

Ana rompeu com a esterilidade que havia na vida dela. Todo ano ela chorava e era afrontada pela sua adversária porque não tinha filhos. E em vez de ficar em paz, ela se sentia muito afrontada, magoada, chorava e ficava triste por não poder gerar. Até que ela pediu um filho a Deus. O dia em que ela deixou de chorar, de se lamentar, e resolveu orar e se derramar na presença de Deus, houve um rompimento na sua vida, que rompeu a sua esterilidade.

Existe um segredo no quebrantamento: quando nos humilhamos debaixo da potente mão do Senhor, Ele nos exalta. Quando nos colocamos em prostração, com o coração quebrantado diante do Senhor, existe um milagre chamado vida.

Foi o que aconteceu com Ana: teve um dia em que ela resolveu se quebrantar na presença de Deus, e o quebrantamento dela foi tão grande que o sumo sacerdote Eli chegou até ela e disse: "Você está embriagada! O que está acontecendo contigo?". Mas ela respondeu: "Não, eu não estou embriagada! Estou pedindo algo a Deus, estou fazendo um pedido a Deus, porque para mim é impossível. Então é só Deus para me ajudar na minha causa".

O quebrantamento de coração e a humildade de se colocar debaixo da potente mão do Senhor geram bênçãos na nossa vida, de tornar aquilo que era infértil em terra fértil, trazer vida àquilo que não tinha vida.

Você sabe o que é uma vida estéril? É aquela vida que não frutifica, que parece que as coisas não dão certo, que para todo sim existe uma dificuldade. Estou falando no sentido espiritual, não no sentido de gerar filhos naturais.

Isaías 41:18 fala sobre o que Deus faz na vida de uma terra estéril:

"Abrirei rios em lugares altos, e fontes no meio dos vales; tornarei o deserto em lagos de águas, e a terra seca em mananciais de água."

A Palavra de Deus diz que Ele tem o poder de realizar isto: uma terra seca tornar-se um manancial, de abrir um rio em lugares altos. Ou seja, Deus traz vida, porque a água representa a vida. Onde existe água, pode haver plantação e colheita. Onde existe água, as plantas crescem. Onde existe água, o renovo vem. E a Bíblia está dizendo que quem traz essa fertilidade, de trazer vida àquilo que não tinha mais vida, é Deus.

Quando a pessoa projeta e sonha, mas não consegue tirar do papel, é porque existe uma infertilidade na vida dela. Não está gerando vida, não está vindo à tona. E a unção de rompimento ajuda a romper toda a cadeia da infertilidade. Foi o que aconteceu com a mãe do profeta Samuel, ela não podia gerar, e só o que fazia era não comer, era chorar e se lamuriar ao seu marido. Murmurava quando ele dizia: "Eu te beneficio muito mais do que meus filhos, do que Penina!". Porém, ela não lhe dava ouvidos e reclamava para o marido, amargurada e triste.

Enquanto ela subia a Jerusalém, ano após ano fazendo isso, nada acontecia. Mas quando houve um quebrantamento de Ana diante de Deus e esta entendeu que só Deus podia trazer vida para o seu ventre, houve um milagre! Nesse quebrantamento de Ana, houve um rompimento!

Assim, na nossa vida precisa haver um quebrantamento, precisa haver algo da parte de Deus. E Deus está preparado para liberar, mas precisamos nos quebrantar como Ana se quebrantou, se rendeu a Deus.

Quando a fertilidade vem sobre a nossa vida, vem um rompimento! As coisas começam a andar, começam a acontecer!

Lembro que ajudei em muitos ministérios: fui líder de crianças, da escolinha, por dez anos. Fui líder de professoras, líder de jovens, líder de grupos de louvores, incentivando, colocando de pé, incentivando chamados e ministérios, gerando outros ministérios. Mas em uma fase da minha vida aconteceu algo comigo ministerialmente.

Fiquei muito chateada porque algumas pessoas com muitos talentos desprezavam os talentos ou enterravam aquilo que Deus lhes dera. E tinha uma oração que nós mesmos havíamos estabelecido em uma das congregações, de orar às três horas da tarde. E sempre no meu dia, no meu horário, eu ia para o templo orar! E um dia me quebrantei muito na presença de Deus, orei muito ao Senhor, me derramei como Ana se derramou pedindo o seu Samuel, pedindo seu filho. Naquele dia em que me derramei muito, eu disse: "Deus, me entrega os talentos daqueles que estão jogando fora os seus talentos. Se eles não querem, coloca na minha vida, porque quero algo da Tua parte para usar, para ajudar outras pessoas!".

Foi assim que nasceu o ministério de libertação na minha vida! Eu realizava libertação quando necessário, mas um ministério de libertação é diferente de você só orar e repreender demônios. É algo que Deus entrega com mais profundidade, e foi o que Deus me entregou naquele dia. Naquele dia eu não sabia que Deus tinha me entregado, assim como Ana.

Naquele momento, ela só se quebrantou, mas não sabia quando iria gerar ou se teria um filho. Mas a Bíblia diz que Deus lembrou-se dela e ela concebeu! Foi isso que aconteceu na minha vida, concebi esse ministério de libertação! Aproximadamente um mês depois daquela oração, pessoas começaram a me procurar de todos os lados para que eu orasse por libertação na vida delas. Foi algo de Deus para minha vida, assim como Samuel foi de Deus para a vida de Ana. E houve um romper do meu ministério!

Na nossa vida precisa haver esse rompimento para que tudo aquilo que era estéril venha a ser fértil. Que a unção que despedaça jugo venha derrubar toda a infertilidade espiritual. E é isso que Deus quer fazer, Ele quer abençoar você!

ROMPENDO COM A INTIMIDAÇÃO!

Quando rompemos com a intimidação, conseguimos ir longe, porque o espírito de intimidação quer cercar, parar, formar uma barreira. A intimidação está dizendo: "Daqui você não passa, a partir daqui você não vai mais".

Assim age o espírito da intimidação, ditando regras limitantes. A intimidação, às vezes, se manifesta por meio de uma voz, de um parente, de um patrão, de alguém que o intimida. Seja lá quem for o intimidador, as cadeias da intimidação devem cair! Se você deseja romper, é necessário que a cadeia da intimidação caia!

Neemias conseguiu isso de uma maneira espetacular. Claro que ninguém se compara a Jesus, mas na questão da intimidação Neemias se saiu muito bem, porque ele não cedeu a Sambalate e Tobias, não cedeu aos inimigos de Deus, os inimigos da obra de restauração.

Neemias se posicionou firmemente e disse: "Daqui eu não saio, daqui ninguém me tira, não vou ter conselho com ninguém, não adianta me chamar, não adianta me mandar cartinha para querer me intimidar, não adianta dizer que vai enviar um exército contra mim, não adianta! Daqui eu não saio, daqui ninguém me tira!".

O espírito da intimidação é assim, ele quer dizer: "Melhor você sair daqui, pois aqui não é o seu lugar", e muitas vezes é, sim, o seu lugar!

O inimigo quer que a pessoa saia; o espírito da intimidação não quer a presença daquela pessoa, porque ela carrega luz, carrega a presença de Deus! Por isso aquilo que está nela incomoda.

Neemias começou a incomodar. Quando ele começou a tapar as brechas, Sambalate e Tobias se levantaram, queriam formar um exército contra ele, mandaram cartas com conteúdo de intimidação, mandaram chamar Neemias para reuniões. Mas Neemias mandou dizer que estava em uma grande obra, bem ocupado, que não poderia ir. Neemias ofereceu resistência. Para vencermos, a cadeia da intimidação tem que cair!

Em Neemias 4 diz assim:

00

"E sucedeu que, ouvindo os nossos inimigos que já o sabíamos, e que Deus tinha dissipado o conselho deles, todos voltamos ao muro, cada um à sua obra.

E sucedeu que, desde aquele dia, metade dos meus servos trabalhava na obra, e metade deles tinha as lanças, os escudos, os arcos e as couraças; e os líderes estavam por detrás de toda a casa de Judá.

Os que edificavam o muro, os que traziam as cargas e os que carregavam, cada um com uma das mãos fazia a obra e na outra tinha as armas.

*E os edificadores cada um trazia a sua espada
cingida aos lombos, e edificavam; e o que
tocava a trombeta estava junto comigo.*

*E disse eu aos nobres, aos magistrados
e ao restante do povo: 'Grande e extensa
é a obra, e nós estamos apartados
do muro, longe uns dos outros'.*

*No lugar onde ouvirdes o som da buzina, ali vos
ajuntareis conosco; o nosso Deus pelejará por nós.*

*Assim trabalhávamos na obra; e metade
deles tinha as lanças desde a subida
da alva até o sair das estrelas."*

(Neemias 4:14-21)

Era noite e dia, dia e noite; no romper da alva e ao entardecer, eles estavam posicionados.

Neemias, que trabalhava com o rei, provavelmente um eunuco, ou seja, alguém que tinha suas partes íntimas alteradas para não ter relação com a rainha, teve toda essa estratégia de restauração e toda essa força para vencer a intimidação!

Quando acharam que iam afugentar Neemias, ele equipou o povo com escudo e lança, com espada, com armas. Eles estavam preparados! Era uma mão na espada e a outra trabalhando, mas estavam restaurando os muros, estavam reedificando aquilo que havia sido destruído.

Então, quando se vence, se rompe a cadeia da intimidação e a obra se completa. Neemias não se abaixou para a intimidação, ele estava pelejando por uma causa grande. Ele armou o povo e disse: "Deus peleja conosco! Nós temos as estratégias; quando tocar a trombeta, todo mundo vai para um lado. Mas estamos vigiando dia e noite, noite e dia. Quando as estrelas saem, quando se rompe o dia, estaremos ali, porque vamos vencer!".

É assim quando você vence a cadeia das vozes que dizem que você não consegue, que dizem que é difícil, que querem pará-lo! Assim se assemelha uma criança quando quer brincar, usar sua criatividade, mas a mãe e o pai não deixam porque pode fazer alguma sujeira. Porém, ela só vai liberar o potencial se liberar a criatividade. E Deus quer que você consiga! Ele é o pai que libera a oportunidade.

Quando a gente está com Deus, Ele diz: "Vá, porque você vai conseguir! Forme o exército, forme toda a estratégia. Mas só tem uma coisa, não deixe a intimidação vencê-lo, porque, se a intimidação vencê-lo, você não vai concluir a obra. Mas, se você vencer a intimidação, uma obra será completada na sua vida! Não vai ter para Sambalate, não vai ter para Tobias, não vai ter para inimigo, para invejoso, para adversário algum".

Deus tem coisa boa, coisas grandes preparadas para nós. Mas precisamos vencer o espírito da intimidação, aquele que chega e diz: "É melhor você ir embora, é melhor você sair daqui, é melhor você se retirar, acho que você não pode, não é capaz".

Seja o que for, vença o espírito da intimidação, em nome de Jesus! Porque vencendo o espírito da intimidação, você vai concluir a obra, você vai para a frente, as cadeias da intimidação vão cair hoje! Deus está com você para você vencer! Aleluia!

A INTIMIDADE COM JESUS FAZ ROMPER LAÇOS!

Deus faz romper toda a ligadura, toda a cadeia espiritual.

Certo dia eu estava orando e tive uma visão de um homem todo amarrado em faixas de pano, como se fosse uma múmia. Mas era uma pessoa viva, porém toda enrolada. Então Deus me trouxe a passagem de Lázaro.

00

"Chegando, pois, Jesus, achou que já havia quatro dias que estava na sepultura.

(Ora Betânia distava de Jerusalém quase quinze estádios.)

E muitos dos judeus tinham ido consolar a Marta e a Maria, acerca de seu irmão.

Ouvindo, pois, Marta que Jesus vinha, saiu-lhe ao encontro; Maria, porém, ficou assentada em casa.

Disse, pois, Marta a Jesus: 'Senhor, se tu estivesses aqui, meu irmão não teria morrido.

Mas também agora sei que tudo quanto pedires a Deus, Deus to concederá'.

Disse-lhe Jesus: 'Teu irmão há de ressuscitar'.

*Disse-lhe Marta: 'Eu sei que há de ressuscitar
na ressurreição do último dia'.*

*Disse-lhe Jesus: 'Eu sou a ressurreição e a vida;
quem crê em mim, ainda que esteja morto, viverá;*

*E todo aquele que vive, e crê em mim,
nunca morrerá. Crês tu nisto?'.*

*Disse-lhe ela: 'Sim, Senhor, creio que tu és o Cristo,
o Filho de Deus, que havia de vir ao mundo'."*

(João 11:17-27)

E no Evangelho Segundo João 11:38–44 está escrito:

00

*"Jesus, pois, movendo-se outra vez muito
em si mesmo, veio ao sepulcro; e era uma
caverna, e tinha uma pedra posta sobre ela.*

*Disse Jesus: 'Tirai a pedra'. Marta, irmã
do defunto, disse-lhe: 'Senhor, já cheira
mal, porque é já de quatro dias'.*

*Disse-lhe Jesus: 'Não te hei dito que, se
creres, verás a glória de Deus?'.*

Tiraram, pois, a pedra de onde o defunto jazia.
E Jesus, levantando os olhos para cima, disse:
'Pai, graças te dou, por me haveres ouvido.

Eu bem sei que sempre me ouves, mas eu
disse isto por causa da multidão que está em
redor, para que creiam que tu me enviaste'.

E, tendo dito isto, clamou com grande
voz: 'Lázaro, sai para fora'.

E o defunto saiu, tendo as mãos e os pés ligados
com faixas, e o seu rosto envolto num lenço.
Disse-lhes Jesus: 'Desligai-o, e deixai-o ir'."

Lázaro era amigo de Jesus, e sua morte foi prematura. A Bíblia diz que ele estava enfermo, doente e que era amigo de Jesus. Quando se é amigo de Jesus, ele vai romper as ligaduras da morte, os laços da morte, de acidente, de doenças, de enfermidades mortais. Por isso, é muito importante termos intimidade com Deus, conversarmos com Ele, sermos amigos de Jesus.

Jesus considerava muito Lázaro. A Bíblia diz que Ele amava Lázaro, Marta e Maria. Era uma família que Ele amava. Então eles eram amigos de Jesus. Quando somos amigos de Deus, as cadeias se rompem, as ligaduras da morte, da prisão, são rompidas pelo poder do nome de Jesus.

Aquela visão em que vi um homem vivo, mas todo enrolado como uma múmia, era, na verdade, uma prisão espiritual. Tem coisas que às vezes enredam a vida das pessoas, e elas acabam sendo envolvidas naquilo. Mas Deus é poderoso para desligar toda atadura da morte, todo decreto de doença, todo diagnóstico desfavorável, coisas improváveis e impossíveis.

Tem pessoas que se tornam tão religiosas que esquecem tudo o que Deus já fez e tem realizado. Conheci um pastor cujo testemunho é muito forte. Ele teve um câncer terminal ainda jovem; era um homem alto e na época em que foi acometido pela enfermidade, e ficou com muito pouco peso, desenganado pela medicina. E ele relatou que uma senhora de uma igreja entrou no hospital e orou por ele. Ele não conhecia Jesus, e naquele dia chorou muito, porque a sentença fatal dita pelos médicos e pelo estágio da doença, em princípio, não poderia ser alterada. O caminho que estava na trajetória dele era de morte prematura, assim como foi a de Lázaro. Então, quando essa mulher entrou no seu quarto de hospital, ele recebeu a oração e aceitou Jesus em seu coração, e então passou a reagir no decorrer dos dias.

Esse homem não sabia, mas Jesus o tocara com a cura! Antes disso ele não estava mais conseguindo se alimentar, já estava em um setor hospitalar para ser entregue à morte, mas então passou a ter fome e pedir alimentos aos enfermeiros.

Isso chamou a atenção dos médicos, que passaram a voltar seus olhos novamente para o seu caso. Mas não foi necessário nenhum procedimento, só o fortalecimento, pois Deus o havia curado. Jesus restaurou a saúde dele!

Quando temos Jesus na nossa vida, existe um poder que vem sobre nós que pode romper os laços da morte, romper com o que estava para acontecer. Deus faz a cadeia cair, Deus desata! Quando Jesus chamou Lázaro para fora, Ele disse: "Lázaro, vem para fora!". E quando Lázaro veio, Ele disse: "Desligai-o e tirai tudo aquilo que está enrolado em Lázaro, tudo aquilo que está amarrando Lázaro, tudo aquilo que prende a vida de Lázaro. Desliga ele, tira essas coisas da vida dele, tira tudo que prende, que impede que a vida esteja sobre ele. Desatai-o!".

Quando Deus vem, Ele toca na nossa vida e os laços da morte são desfeitos, são desmantelados. Aleluia!

Deus é poderoso para realizar, Deus é poderoso para nos desviar de cursos de morte, de tragédias, de acidentes, pelo poder do nome de Jesus. Ele é poderoso para desatar, é poderoso para desligar tudo aquilo que estava preso à vida da pessoa, que estava traçado pelas trevas como um decreto de morte.

Jesus, quando chega na nossa vida, diz: "Agora esse aí é meu amigo, essa é a minha amiga. Eu amo a vida dela!". Então o Senhor desfaz o plano do inimigo, o laço que o inimigo formou.

Quando somos amigos de Deus, Ele vai desfazendo os laços da impiedade. E às vezes alguém pensa: "Deus não está comigo, Deus não está cuidando de mim". Mas Deus está cuidando, sim! Deus cuida dos mínimos detalhes! Mas precisamos saber que Ele é nosso amigo!

Deus age dessa maneira. Ele é Grande, Ele é Poderoso, Ele é Deus, Ele é Pai, Ele é Amor!

Jesus é nosso amigo, Ele é amigo suficiente para amar e proteger, como um amigo fiel.

Marta e Maria disseram ao Senhor: "Jesus, se tu estivesses aqui, nosso irmão não teria morrido". Então Jesus disse: "Existe a ressurreição! A ressurreição vai vir para Lázaro!". Mas Marta não entendeu.

Elas não estavam vendo nenhuma saída, pois Lázaro estava morto fazia quatro dias. Era impossível ele reviver. E às vezes, na nossa vida, é assim, às vezes não estamos vendo, mas Deus está cuidando dos mínimos detalhes. Deus está desfazendo as amarras, os laços do inimigo, está desfazendo as armadilhas. Por isso, se você é amigo de Deus, creia que Ele vai desfazer os laços da impiedade, da injustiça, da morte.

Creio que algumas pessoas Deus tomam para si antes do tempo, mas outras não; outras sabem que é uma morte prematura, é uma enfermidade que vem para ceifar.

Seja amigo de Deus, e Ele terá o controle sobre sua vida!

O ROMPIMENTO DE MILAGRES!

E

m Hebreus 11:11 diz assim:

00

"Pela fé também a mesma Sara recebeu a virtude de conceber, e deu à luz já fora da idade; porquanto teve por fiel aquele que lho tinha prometido."

Veja que interessante: Sara recebeu o poder de conceber e deu à luz. Até na concepção existe um poder de Deus envolvido. Ela recebeu o poder de conceber, ela trouxe à luz a vida, seu filho da promessa, já na velhice!

A Bíblia diz que, quando o Anjo falou e seu marido contou a ela, Sara riu, porque ela já estava em idade avançada. Ele jamais imaginou que teria um bebê com a sua idade.

Inclusive Sara ofereceu sua serva para que seu marido tivesse relações com ela, com a finalidade de lhe dar um filho por meio daquela mulher.

Mas a Bíblia diz que Deus prometeu, e o mesmo Deus que prometeu é o que entregou o milagre. Sara, por um momento da sua vida, fraquejou, porque achou que já estava velha demais e que a criança não viria. Pensou que, talvez, o filho da promessa fosse Ismael.

Mas o filho da promessa que Deus fez viria do ventre dela, e, para mostrar que Ele é Deus e Senhor, Ele fez com que ela tivesse o poder de conceber já em idade avançada. Ou seja, nada foi difícil para Deus em relação a Sara!

Isaque aponta para Jesus, porque Deus pediu a Abraão o seu Isaque. Deus pediu um sacrifício a Abraão: que entregasse Isaque, seu filho amado, em oferta. E Abraão foi obediente e levou Isaque para o sacrifício.

Quando ele estava para estender a mão sobre o menino, o Anjo falou: "Não coloque a mão sobre ele! Não coloque a mão sobre o menino!". Ele foi obediente, foi fiel ao querer entregar seu Isaque. Ali havia uma representação de que, no futuro, Jesus, o filho de Deus, seria entregue.

Da mesma maneira que Isaque foi gerado debaixo de um poder (pela fé, Deus deu o poder de concepção a Sara, em idade avançada), Jesus também foi formado debaixo de um poder, do poder do Espírito Santo. Isaque foi gerado na velhice, pois Sara já estava com mais de 90 anos, já não tinha mais o costume das mulheres, ou seja, o ciclo menstrual. E essa criança foi gerada pelo poder de Deus. Isso está falando de milagre, está falando do impossível. Sara rompeu na questão da Fé e o impossível aconteceu na vida dela.

Deus é poderoso para romper um milagre num lugar improvável. Jesus foi gerado pelo poder do Espírito

Santo, mesmo Maria sendo virgem. Isso foi uma coisa sobrenatural. Porque Deus rompe com milagres!

Quando estamos debaixo do Poder de Deus, debaixo da Unção de Deus, o Senhor rompe com milagres na nossa vida! Por isso, se Deus tem prometido coisas para sua vida, você não pode ficar desacreditado. Vai romper, a criança vai vir à luz pelo poder de Deus! O milagre vai acontecer, Deus vai fazer acontecer, o rompimento de Deus vai fazer vir a promessa sobre a sua vida, vir um milagre, porque o Deus a que nós servimos é o Deus do sobrenatural.

POR MEIO DA UNÇÃO DE DEUS, GIGANTES CAEM!

00

*"E Davi deixou a carga que trouxera na
mão do guarda da bagagem, e correu
à batalha; e, chegando, perguntou a
seus irmãos se estavam bem.*

*E, estando ele ainda falando com eles,
eis que vinha subindo do exército dos
filisteus o homem guerreiro, cujo nome era
Golias, o filisteu de Gate; e falou conforme
aquelas palavras, e Davi as ouviu.*

*Porém, todos os homens em Israel,
vendo aquele homem, fugiram de diante
dele, e temiam grandemente.*

*E diziam os homens de Israel: 'Vistes aquele
homem que subiu? Pois subiu para afrontar a
Israel; há de ser, pois, que, o homem que o ferir, o
rei o enriquecerá de grandes riquezas, e lhe dará a
sua filha, e fará livre a casa de seu pai em Israel'.*

*Então falou Davi aos homens que estavam com
ele, dizendo: 'Que farão àquele homem, que
ferir a este filisteu, e tirar a afronta de sobre
Israel? Quem é, pois, este incircunciso filisteu,
para afrontar os exércitos do Deus vivo?'."*

(1 Samuel 17:22-26)

Davi rompeu com seus limites ao derrubar o gigante Golias, pois esse episódio foi um marco em sua vida, e não uma simples vitória. Foi a abertura de portas para um novo nível espiritual, físico, territorial, pessoal e de autoridade para sua vida.

Quando Davi enfrentou Golias, não somente foi uma batalha física, mas também aconteceu algo no mundo espiritual. Houve um rompimento na vida de Davi, o ministério de Davi foi rompido. Ele não era conhecido, as pessoas não o conheciam. Ele já havia sido ungido pelo profeta Samuel, no entanto, ainda não tinha dado o "start", o início do seu ministério, em relação ao reino que Deus estava entregando em suas mãos.

Então, esse confronto com Golias não foi só uma batalha, mas foi um marco espiritual para o reinado de Davi, que Davi iniciou ali, diante dos homens. Diante de Deus já havia um começo, quando foi derramada a unção sobre Davi. No entanto, diante dos homens e do mundo espiritual, era necessário o rompimento de autoridade. Derrotar aquele gigante representava derrotar um principado e também adentrar no propósito, ou seja, as pessoas iriam o reconhecer.

Até aquele momento ele era o filho menor que estava levando mantimentos para os seus irmãos que estavam lá naquela peleja. Quando ele chega lá, vê aquela situação, um gigante confrontando o povo de Deus, Israel. Um filisteu que estava amedrontando a todos, e estavam todos acuados. Mas quando Davi chega lá, ouve que aquele que derrotasse esse gigante, tirasse a afronta de sobre Israel, receberia a filha do Rei como esposa.

A Bíblia também diz que a casa seria livre, a casa de seu pai, ou seja, provavelmente isso deve ser relativo a algum tipo de obrigação tributária, ou seja, havia um prêmio, mas esse prêmio, na verdade, era a entrada de Davi na família real, Davi ficaria conhecido! Depois que ele derrotou Golias, passou a estar nos exércitos, a estar nas pelejas, passou a atuar naquilo que Deus estava programando para a vida dele.

Por isso, você tem que entender que existe uma necessidade de derrubar o gigante que está afrontando a sua vida, que está se opondo a você. Talvez o gigante do medo, da afronta, que vem para limitá-lo. Pessoas dizendo: "Não, você não consegue, você não pode!", ou até mesmo uma voz dentro de você, no seu interior, dizendo: "Eu não consigo, eu não posso, é difícil demais!". É fundamental romper com os gigantes!

Todo gigante na nossa vida precisa ser derrotado. Se você é tímido ou se sente fraco, precisa derrotar esse gigante e dizer: "Eu vou vencer, vou derrubar essa afronta! Ele não vai dominar mais a minha vida, essa timidez não vai mais me dominar! Tudo aquilo que queira vir aos meus ouvidos para me paralisar não irei aceitar, porque eu consigo, eu vou vencer, eu vou derrubar esse gigante!".

Por isso, você tem que entender que no mundo espiritual as coisas precisam ser realizadas. Davi teve a coragem, teve a ousadia de dizer: "Quem pensa que é esse incircunciso filisteu? Quem pensa que é esse homem para afrontar a Deus? Ele vai sair envergonhado daqui, e essa tropa vai se retirar, porque o Deus de Israel está conosco para derrotar esse gigante!".

Deus é Poderoso! Davi sabia quem estava com ele, mas também discerniu naquele momento que aquilo seria algo muito bom, uma oportunidade para entrar no seu propósito, para entrar no reino, para ser reconhecido como um homem de batalha. Ou seja, a queda de Golias representou muito mais do que uma vitória, não somente representou a derrubada de uma potestade, de um principado, como também foi a porta para Davi entrar no seu ministério, no seu chamado, naquilo que Deus tinha como propósito na sua vida!

Por isso que você também precisa derrubar o gigante que se opõe a você! Tem que romper, a unção despedaça o jugo! É o que a Bíblia diz! Quando Deus derrama essa unção, rompe tudo aquilo que prende, tudo aquilo que paralisa.

A partir daquele momento, Davi não seria mais reconhecido como o menino que sempre estava atrás das malhadas, acuado, que não foi lembrado pelo pai e pelos irmãos. Ele já não teria mais essa imagem imposta pelos homens. Quando ele derrubou o gigante, passou a ser conhecido como o homem que derrotou alguém de grande estatura, que aos olhos humanos era muito difícil vencer. Ele não derrubou só algo espiritual, mas também derrubou uma afronta contra Israel, contra o Deus Todo-Poderoso.

Ali Davi iniciava a sua caminhada, não estaria mais no anonimato. Você precisa entender que, no tempo de anonimato, Deus nos forja, Deus nos capacita. É um tempo em que Deus está nos preparando, mas vai chegar uma hora em que Deus vai empurrá-lo a lutar contra o gigante, para derrubá-lo e, assim, entrará no seu ministério.

Tem que haver rompimento! O tempo do preparo, o tempo da unção é uma coisa, mas depois Deus envia para a guerra. E Ele não envia para envergonhar, mas para vencer, para ser vitorioso!

Deus vai fazer romper todo gigante espiritual que o intimida, em nome de Jesus! Esse gigante vai cair, porque Deus é santo e Poderoso!

Deus vai derrubar gigante! Essa unção do rompedor vai fazer você romper os seus limites e entrar no propósito que Deus tem para sua vida!

A UNÇÃO DO ROMPEDOR ABRE FRONTEIRAS!

A unção de Deus libera acessos espirituais, e isso também se refere a territórios. Para transitarmos e adentrarmos regiões espirituais que envolvem territórios, também precisamos de autorização da parte de Deus.

Falando em território, quando nascemos em um lugar é muito difícil sairmos dali, porque existem ligações espirituais com aquela terra, e é por isso que muitas pessoas nascem, vivem e morrem exatamente na cidade onde nasceram, porque não conseguem se desligar da terra.

Assim como existe essa ligação espiritual da pessoa a uma terra, também existem problemas para os estrangeiros acessarem ou permanecerem em territórios diferentes. O estrangeiro, uma pessoa que está numa terra alheia, às vezes tem dificuldade de ser aceito naquele lugar, é rejeitado, tem problemas, não consegue emprego. Parece que a cultura daquele lugar o rejeita, as pessoas o rejeitam; isso também é uma batalha espiritual.

Por isso, é tão importante o rompimento nessa área, para que as fronteiras venham se abrir e para que haja conquista de territórios.

No livro de Rute 1:12 em diante diz:

00

"Voltai, filhas minhas, ide-vos embora, que já mui velha sou para ter marido; ainda quando

eu dissesse: Tenho esperança, ou ainda que esta
noite tivesse marido e ainda tivesse filhos,

Esperá-los-íeis até que viessem a ser grandes?
Deter-vos-íeis por eles, sem tomardes marido?
Não, filhas minhas, que mais amargo me é a
mim do que a vós mesmas; porquanto a mão
do Senhor se descarregou contra mim.

Então levantaram a sua voz, e tornaram
a chorar; e Orfa beijou a sua sogra,
porém Rute se apegou a ela.

Por isso disse Noemi: 'Eis que voltou tua
cunhada ao seu povo e aos seus deuses;
volta tu também após tua cunhada'.

Disse, porém, Rute: 'Não me instes para que
te abandone, e deixe de seguir-te; porque
aonde quer que tu fores irei eu, e onde quer
que pousares, ali pousarei eu; o teu povo é
o meu povo, o teu Deus é o meu Deus;

Onde quer que morreres morrerei eu,
e ali serei sepultada. Faça-me assim o
Senhor, e outro tanto, se outra coisa que
não seja a morte me separar de ti'.

Vendo Noemi, que de todo estava resolvida
a ir com ela, deixou de lhe falar.

104 | Unção do rompedor

*Assim, pois, foram-se ambas, até que chegaram
a Belém; e sucedeu que, entrando elas em
Belém, toda a cidade se comoveu por causa
delas, e diziam: 'Não é esta Noemi?'.*

*Porém ela lhes dizia: 'Não me chameis
Noemi; chamai-me Mara; porque grande
amargura me tem dado o Todo-Poderoso'."*

Rute e Noemi retornaram a Belém, porém aquela terra não era de Rute, aquela terra era de Noemi, portanto, ela era uma estrangeira naquele lugar. Ela não havia nascido naquele lugar, e, como sabemos, muitas vezes os estrangeiros não são aceitos, são rejeitados e mandados embora.

Sempre que se sai da sua terra, do meio da sua parentela, do lugar onde nasceu, esse tipo de situação acontece. Porque uma pessoa, como já disse, que não está na sua terra, acaba sendo refutada pela terra, as pessoas rejeitam, não confiam para liberar uma porta de emprego, porque ela é estrangeira naquele lugar.

Rute estava assim, ela não pertencia àquele povo e nem servia o mesmo Deus de Noemi. Mas ela disse: "Eu vou voltar contigo, e o teu Deus será o meu Deus, o teu povo será meu povo!". E a Bíblia diz que Rute rompeu as barreiras de limites territoriais, do estrangeiro, daquilo que ela talvez não conseguiria acessar.

Mas como ela disse "O teu Deus será o meu Deus", conseguiu romper essas barreiras territoriais, barreiras que, muitas vezes, limitam as pessoas de crescer e de avançar, de ir adiante, de conquistar lugares e territórios.

Rute conseguiu romper! A partir do momento em que ela disse "O teu Deus será o meu Deus", a partir do momento em que o Deus de Noemi seria o Deus dela, a vida dela já começou a mudar.

Também vale destacar que Rute profetizou, pois declarou "o teu povo será o meu povo"; ela declarou que faria parte daquele povo!

Todos poderiam esperar que ela fosse se prostituir, fosse para uma vida fácil, o que acontece com muitas pessoas quando vão para outros lugares, mas isso não aconteceu.

Boaz disse a Rute que observara sua conduta e percebera que ela nunca havia se relacionado com outro homem, quer moço ou outro qualquer. Ou seja, ela tinha uma boa reputação. Rute foi para aquela terra e não se corrompeu, ela acreditou que o Deus da sua sogra iria ajudá-la, fez uma aliança com Deus antes de ir para aquela terra.

Se você tem uma aliança com Deus, as fronteiras têm que se abrir! Se você quer conquistar uma terra, tem que conquistar o território espiritual.

Deus está contigo! E a unção do rompedor vai romper os limites das fronteiras que querem impedi-lo de avançar, de conquistar territórios, de avançar às nações.

Tudo aquilo que Deus tem preparado para sua vida vai ter rompimento, em nome de Jesus! Você vai entrar nos lugares das promessas, das bênçãos para sua vida, tudo aquilo que Deus tem preparado para você e para sua casa, em nome de Jesus! E não vai haver dificuldade, Deus vai abençoar assim como abençoou Rute, trazendo pão para ela, provisão e honra. Deus trouxe bênçãos para a vida dela porque ela estava com Deus!

Da mesma forma, os limites territoriais, as fronteiras, tudo que for um limitador, tudo que for uma trave espiritual, tudo que for opositor para o seu avanço, em nome de Jesus Cristo, vai cair, porque profetizamos a queda de toda muralha espiritual, de toda guarnição maligna!

Em nome de Jesus, declaramos que os territórios, que a terra pertence ao Senhor e aos filhos de Deus!

A UNÇÃO DO ROMPEDOR LIBERA ACESSOS!

Ester precisou vencer algo na vida chamado medo. No livro de Ester (4:9), fala sobre Hatá. Hatá veio trazer um recado do seu primo Mardoqueu, que a criou como uma filha, porque Ester era órfã:

00

*"Veio, pois, Hatá, e fez saber a Ester
as palavras de Mardoqueu.*

*Então falou Ester a Hatá, mandando-o
dizer a Mardoqueu:*

*'Todos os servos do rei, e o povo das províncias
do rei, bem sabem que todo o homem ou mulher
que chegar ao rei no pátio interior, sem ser
chamado, não há senão uma sentença, a de
morte, salvo se o rei estender para ele o cetro
de ouro, para que viva; e eu nestes trinta dias
não tenho sido chamada para ir ao rei'."*

(Ester 4:9-11)

Mardoqueu mandou um recado para Ester, dizendo: "Olha Ester, o povo Judeu, o teu povo, sangue do teu sangue, vai ser morto e não vai sobreviver ninguém. Você vai ter que intervir, falar com seu marido, com o rei, com a maior autoridade aqui. Porque se ele não mudar essa situação, todos vão perecer, porque o decreto é sentença de morte para os judeus".

Ester teve medo, e disse: "Faz trinta dias que eu não entro na presença do rei, e você sabe que aquele que entra sem ser convidado, se o rei não estender o cetro de ouro, a sentença da pessoa é a morte. Como vou entrar lá sem ser convidada? Eu vou morrer. Manda dizer para Mardoqueu que vou morrer se entrar lá sem ser convidada".

Então Mardoqueu mandou outro recado para Ester: "Ester, se você não for, Deus vai levantar outra pessoa para salvar seu povo. Mas não esqueça que também é judia, você também é uma do povo. Não pense que você vai escapar dessa sentença, você está na lista de morte".

Então Ester precisou tomar uma decisão. Ela disse: "Vamos orar, vamos jejuar, coloque o povo junto comigo, então eu vou fazer isso".

00

"Eu vou vencer o medo da morte, eu vou vencer o medo de entrar na presença do rei sem ser convidada. Porque eu sei que só há duas decisões: ou eu não entro e morro, ou eu entro e tento viver! Mas eu vou ter que vencer esse medo, vou ter que romper isso na minha vida para cumprir o propósito de Deus!"

Ester precisou fazer isso, precisou ser forte, precisou vencer o medo, vencer suas limitações. E a Bíblia diz que ela entrou.

00

"Sucedeu, pois, que ao terceiro dia Ester se vestiu com trajes reais, e se pôs no pátio interior da casa do rei, defronte do aposento do rei; e o rei estava assentado sobre o seu trono real, na casa real, defronte da porta do aposento.

E sucedeu que, vendo o rei a rainha Ester, que estava no pátio, ela alcançou graça aos seus olhos; e o rei estendeu para Ester o cetro de ouro, que tinha na sua mão, e Ester chegou, e tocou a ponta do cetro.

Então o rei lhe disse: 'Que é que queres, rainha Ester, ou qual é a tua petição? Até metade do reino se te dará'."

(Ester 5:1-3)

Ester nunca saberia o resultado se não rompesse o medo. Muitas vezes você deixa de fazer coisas que Deus manda fazer, pelo medo: medo de viajar, medo de voar. A nossa vida pertence a Deus! Se você não tentar, nunca saberá se haverá uma mudança. Sabe por que muitas pessoas vivem a mesma vida, a mesma situação, parece que aquele ciclo não muda, não fecha nunca? Por causa do medo! Porque o medo condiciona à mesmice, o medo condiciona a agir e fazer sempre as mesmas coisas. É um cotidiano, uma rotina, que às vezes vai ser até desgastante para sua vida.

Às vezes só trabalhamos para sobreviver, só para ter um pão sobre a mesa. É preciso trabalhar também para desfrutar a vida, mas não o fazemos por causa destas limitações: o medo de fazer o novo, o medo de romper.

É preciso vencer a limitação do medo, porque isso é rompimento, é libertação. Quando rompemos, coisas acontecem! É necessário romper com o medo, é necessário romper com tudo aquilo que quer amarrar e impedir atitudes de rompimento, de mudança.

Se Ester não tentasse, jamais saberia o que aconteceria, jamais teria conhecimento daquilo que Deus poderia fazer na sua vida!

Ester teve medo e precisou vencê-lo para ter o seu acesso e a sua vitória. A unção de Deus destrói fortalezas, barreiras, despedaça literalmente jugos, coisas pesadas que as pessoas carregam. E o medo é uma delas, porque o medo paralisa uma pessoa.

Toda pessoa que é coagida pelo espírito do medo tem dificuldades: dificuldades de tomar decisões, de sair de casa, dificuldades de viver o novo de Deus para sua vida. Tudo por causa do medo. Então o medo, por si só, já amarra a pessoa.

Existem muitos indivíduos que não saem de casa por medo de assalto, da morte. Têm medo de mandar os filhos para a escola, de ir ao supermercado, medo de viver... E o medo está debaixo de uma de uma ação espiritual que por si só causa cativeiro, porque fomos feitos por Deus para viver, para decidir, para avançar, para sermos vitoriosos. Deus nos fez para isso!

A Bíblia diz que Deus nos chamou por cabeça, e não por cauda, mas o medo quer impedir que você viva plenamente aquilo que Deus falou para sua vida.

Deus diz: "Eu te fiz por cabeça, não te fiz por cauda". E você diz: "Ah, mas eu não sou um líder!". Você sabia que toda pessoa é um líder? Quando você nasce, pode até ser cuidado, por um período, pela sua mãe, pelo seu pai, mas, quando começa a crescer, toda criança já toma pequenas decisões de pegar coisas ou não, de obedecer aos pais ou não, de ser rebelde ou ser obediente, de ter bons amigos na escola ou não.

Na fase da infância, já começamos a exercer liderança, decidindo o que fazer. Por isso, Deus diz: "Eu te chamo por cabeça, e não por cauda. Eu te chamo para você ser um líder, para você ser alguém que não tenha medo de viver". Deus sempre fala na sua Palavra: "Não tenha medo, seja forte, seja corajoso! Vai lá, você vai conseguir!".

Deus é tremendo e Ele quer que depositemos confiança Nele, porque, se confiarmos em Deus, estaremos bem! Precisamos confiar em Deus para viver, para tomar decisões para virar a página.

Abandonar os medos do passado, as traições, os abandonos, tudo aquilo que trouxe uma ferida terrível, enorme, um buraco imenso dentro de um coração, é uma decisão. Deus quer curar e dizer: "Deixa para trás o medo do passado, o medo de ser traído novamente, o medo de ter um relacionamento novamente, de ser feliz, de projetar novamente. Deixa o medo de lado, abandona o medo, larga isso da sua vida!".

ROMPENDO COM AS CADEIAS DA DESOBEDIÊNCIA!

Fugir de Deus também é desobediência!

Muitas pessoas fogem de Deus, fogem da vontade de Deus, fogem do seu ministério, fogem das palavras proféticas, não querem um compromisso, não querem obedecer, não querem ser fiéis. Isso não é bom! A pessoa que anda fugindo de Deus acaba tendo consequências.

O maior ícone bíblico de fuga e desobediência é Jonas:

00

"E orou Jonas ao SENHOR, seu Deus,
das entranhas do peixe.

E disse: 'Na minha angústia clamei ao
Senhor, e ele me respondeu; do ventre do
inferno gritei, e tu ouviste a minha voz.

Porque tu me lançaste no profundo, no
coração dos mares, e a corrente das águas
me cercou; todas as tuas ondas e as tuas
vagas têm passado por cima de mim'.

E eu disse: 'Lançado estou de diante dos teus
olhos; todavia tornarei a ver o teu santo templo.

As águas me cercaram até à alma, o abismo me
rodeou, e as algas se enrolaram na minha cabeça.

Eu desci até aos fundamentos dos montes;
a terra me encerrou para sempre com os
seus ferrolhos; mas tu fizeste subir a minha
vida da perdição, ó Senhor meu Deus.

Quando desfalecia em mim a minha alma,
lembrei-me do Senhor; e entrou a ti a
minha oração, no teu santo templo.

Os que observam as falsas vaidades
deixam a sua misericórdia.

Mas eu te oferecerei sacrifício com
a voz do agradecimento; o que votei
pagarei. Do Senhor vem a salvação'.

Falou, pois, o Senhor ao peixe, e este
vomitou a Jonas na terra seca."

(Jonas 2:1-10)

Jonas estava aprisionado para morte. Quando Deus nos manda fazer alguma coisa ou projeta algo para nossa vida, não podemos ser tardios, desobedientes, fugir do propósito, fugir daquilo que Deus tem para nós. O que vemos aqui na vida de Jonas? A indiferença!

Quando Jonas estava na embarcação, com outros homens, a Bíblia diz que Deus o mandou para a cidade de Nínive, mas foi para Társis, para um lugar totalmente oposto. Ele entrou numa embarcação e estava prestes a

120 | Unção do rompedor

afundar. Todos os tripulantes sabiam que alguém havia feito alguma coisa errada, porém ele não se manifestava, estava como que alheio à situação. Até o momento em que descobriram que foi Jonas que errou contra Deus, e, para que todos não perecessem, ele foi lançado ao mar.

Quando uma pessoa está em desobediência a Deus, ela fica indiferente, quer tapar os ouvidos, fazer de conta que não é com ela, que aquele problema não é dela, que não é por causa dela, que deve ser a natureza ou alguma circunstância, menos ela!

Foi exatamente o que aconteceu com Jonas, ele ficou indiferente, não se manifestou voluntariamente para dizer: "Fui eu que errei, fui eu que desobedeci a Deus, que não fiz o que era certo. Fui eu!". Ele não abriu a boca para se acusar, só assumiu a culpa depois que lançaram sortes e caiu sobre ele! Quando uma pessoa está assim, fugindo de Deus, desobediente, ela fica indiferente, fica orgulhosa.

A Bíblia diz que ele ficou três dias no ventre daquele peixe até que começou a se arrepender. Ele precisou ir ao extremo da profundidade da escravidão, se afundar em um laço mortal para quebrar o seu orgulho.

Jonas era orgulhoso, não queria abençoar nem proclamar nenhum tipo de arrependimento ao povo de Nínive, porque não se agradava daquele povo.

Por causa do seu orgulho foi até as últimas consequências, mas na verdade ele não queria pregar para o povo a quem Deus o enviara.

Ele precisou ir para um lugar terrível, para um lugar obscuro, para se arrepender, para quebrar o orgulho.

Tem pessoas que preferem o fundo do poço a se arrepender! Não podemos ser tardios em obedecer, precisamos romper as cadeias da desobediência, da indiferença e do orgulho. Fazer a coisa certa sempre é a melhor decisão, ser rápido para se arrepender, ser rápido para obedecer, não deixar a situação ficar extrema, não deixar a situação perder o controle.

Jonas deixou a situação sair do controle por causa do seu orgulho, da sua indiferença à voz de Deus, ao seu chamado, da sua indiferença na questão da obediência, da sua indiferença na questão do amor. Porque ele não conseguia amar as pessoas como Deus amava, para trazer arrependimento, salvação para aquelas pessoas.

Quando Jonas se arrependeu, a Bíblia diz que o peixe o vomitou na terra. Ali houve um rompimento das cadeias da desobediência. Ao ser lançado em terra, aquela cadeia da desobediência, do orgulho, aquilo que fechava o entendimento de Jonas, se desfez para ele ir ao encontro do seu destino, obedecendo e fazendo a vontade do Pai!

Que haja rompimento de toda a cadeia da desobediência, de toda a cadeia do orgulho, de toda a cadeia da indiferença na sua vida, em nome de Jesus.

A UNÇÃO DO ROMPIMENTO DA AVAREZA!

A Bíblia diz que Deus entrega sementes para aqueles que semeiam, que abrem a mão e também abrem oportunidades para outras pessoas se beneficiarem e trazerem provisão para seu lar. Certamente, estes o Senhor abençoa!

00

"Ora, aquele que dá a semente ao que
semeia, também vos dê pão para comer,
e multiplique a vossa sementeira, e
aumente os frutos da vossa justiça."

(Coríntios 9:10)

Já do avarento Deus não se agrada, pois ele carrega dores em suas entregas, e prisões à sua alma! Um exemplo disso, na Palavra de Deus, é um homem chamado Zaqueu:

00

"E, tendo Jesus entrado em Jericó, ia passando.
E eis que havia ali um homem chamado Zaqueu;
e era este um chefe dos publicanos, e era rico. E
procurava ver quem era Jesus, e não podia, por

*causa da multidão, pois era de pequena estatura.
E, correndo adiante, subiu a uma figueira brava
para o ver; porque havia de passar por ali. E
quando Jesus chegou àquele lugar, olhando para
cima, viu-o e disse-lhe: 'Zaqueu, desce depressa,
porque hoje me convém pousar em tua casa'. E,
apressando-se, desceu, e recebeu-o alegremente.
E, vendo todos isto, murmuravam, dizendo que
entrara para ser hóspede de um homem pecador. E,
levantando-se Zaqueu, disse ao Senhor: 'Senhor,
eis que eu dou aos pobres metade dos meus bens;
e, se nalguma coisa tenho defraudado alguém,
o restituo quadruplicado'. E disse-lhe Jesus:
'Hoje veio a salvação a esta casa, pois também
este é filho de Abraão. Porque o Filho do homem
veio buscar e salvar o que se havia perdido'."*

(Lucas 19:1-10)

O povo odiava Zaqueu porque ele era rico e publicano, cobrava impostos. Porém, tinha um detalhe: Zaqueu era compatriota, fazia parte do povo e trabalhava para o governo. Então, as pessoas não gostavam dele, porque, mesmo sendo um deles, ainda cobrava impostos pesados do povo.

Mas quando Zaqueu viu Jesus, teve uma mudança na sua vida. Quando Jesus entrou na sua casa, ele se quebrantou, porque a presença de Jesus traz rompimento!

Quando a unção vem, traz quebrantamento, traz mudança de rota, traz arrependimento!

Zaqueu, quando estava na presença de Jesus, que é santa, ficou constrangido! Jesus não disse nada para ele, somente a presença Dele na casa de Zaqueu já trouxe arrependimento a ele e à sua casa.

E Zaqueu disse ao Senhor Jesus: "A metade do que tenho vou dar aos pobres. E se de alguém eu tirei para mais, eu vou restituir!".

Nesse momento houve arrependimento, um rompimento da avareza, e a corrupção caiu por terra na vida de Zaqueu.

Quando estamos presos a algum tipo de corrupção, de ganho ilícito ou algo que sabemos que não é certo, precisamos nos arrepender.

Zaqueu declarar arrependimento trouxe libertação sobre a sua vida, e Jesus disse: "Hoje entrou salvação na sua casa!".

A salvação vem para nossa vida quando nos livramos da corrupção, das coisas erradas, da avareza! Às vezes, o menos é mais! É melhor fazer o que é certo, é melhor não se corromper, não se sujar, renunciar a algo errado, pois isso vai trazer leveza, trará libertação.

O mundo é tentador, oferece coisas "por fora", extras, coisas fáceis, mas nem tudo que é fácil é de Deus para nossa vida.

Ariane Iracet

Zaqueu fazia o trabalho dele, ele era o chefe dos publicanos, mas tinha consciência de que era cobrado muito mais do que deveria.

Ele estava fazendo o trabalho dele, mas por que Deus constrangeu esse arrependimento na vida de Zaqueu? Porque, de alguma forma, ele sabia que aquilo que estava imposto às pessoas era exagero. Por isso ele se arrependeu nessa área, isso foi uma libertação! Jesus declarou "Hoje entrou salvação!". Amém! Às vezes, alguns perdem a salvação por escolhas erradas, atitudes erradas, coisas que não são da vontade de Deus.

Vamos manter o capacete da salvação na nossa cabeça, com nossa cabeça protegida de todo ataque do inimigo, de todo pensamento ou influência para nos levar para outro caminho. Foco em Jesus, não podemos nos distrair!

ROMPENDO COM AS CADEIAS DA PROVAÇÃO!

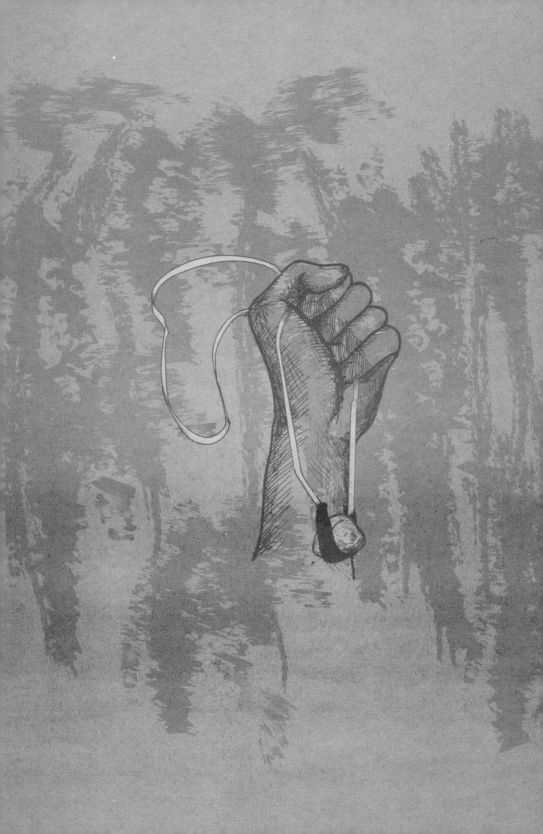

odas as pessoas passam por provações na vida, não existe nesta Terra quem não tenha passado por algum tipo de provação, seja na saúde, na parte sentimental ou financeira. A questão é como reagimos diante das provações; é isso que vai nos fazer vencer ou não.

Provações sempre se repetem quando alguém não passa na prova. É como um uma escola, se não aprender, acaba repetindo de ano! As provações significam isso.

Se a pessoa não passa naquela prova, provavelmente vai passar novamente por ela, porque não captou ensinamentos que Deus estava querendo dar. Então Deus permite as provações para nos ensinar. Mas precisamos romper, pois vida não é só de provas. Precisamos romper essa cadeia da provação, ela tem que cair, em nome de Jesus.

00

"E sucedeu um dia, em que seus filhos e suas filhas comiam, e bebiam vinho, na casa de seu irmão primogênito, Que veio um mensageiro a Jó, e lhe disse: 'Os bois lavravam, e as jumentas pastavam junto a eles; e deram sobre eles os sabeus, e os tomaram, e aos servos feriram ao fio da espada; e só eu escapei para trazer-te a nova'. Estando este ainda falando, veio outro e disse: 'Fogo de Deus caiu do céu, e queimou as ovelhas e os servos, e os

*consumiu, e só eu escapei para trazer-te a nova'.
Estando ainda este falando, veio outro, e disse:
'Ordenando os caldeus três tropas, deram sobre os
camelos, e os tomaram, e aos servos feriram ao fio
da espada; e só eu escapei para trazer-te a nova'.*

*Estando ainda este falando, veio outro, e disse:
'Estando teus filhos e tuas filhas comendo e
bebendo vinho, em casa de seu irmão primogênito,
Eis que um grande vento sobreveio dalém do
deserto, e deu nos quatro cantos da casa, que
caiu sobre os jovens, e morreram; e só eu escapei
para trazer-te a nova'. Então Jó se levantou, e
rasgou o seu manto, e rapou a sua cabeça, e
se lançou em terra, e adorou. E disse: 'Nu saí
do ventre de minha mãe e nu tornarei para lá;
o Senhor o deu, e o Senhor o tomou: bendito
seja o nome do Senhor'. Em tudo isto Jó não
pecou, nem atribuiu a Deus falta alguma."*

(Jó 1:13-22)

A Bíblia diz que Jó passou por uma grande provação, mas ele não pecou e não atribuiu a Deus falta alguma. Passar por uma aprovação sem murmurar, sem culpar a Deus, é uma coisa quase impossível. A maioria das pessoas não consegue passar por uma provação sem reclamar ou culpar a Deus, sem se revoltar.

E isso é realmente muito difícil, porque somos seres humanos, feitos de carne, e ela vai querer gritar e chorar. Mas só se passa pela provação e aprovação quando colocamos toda a situação diante de Deus. Quando se clama, quando diante de Deus, e se entrega a Ele aquela situação, por mais difícil e dolorosa que seja, e não se fraqueja. Assim Deus agirá.

Jesus Cristo, quando estava no deserto, foi tentado pelo inimigo, mas permaneceu firme, não adorando, não se prostrando, não mudando de lado, não largando tudo e dizendo "Não vou cumprir mais essa missão, não vou fazer mais nada disso". Não! Jesus permaneceu firme no jejum que estava fazendo, firme naquele propósito.

Então, queridos, quando uma provação vier ou se você estiver passando por uma provação nesse momento, rompa essa provação, em nome de Jesus! Para que haja rompimento, você tem que manter a sua integridade diante de Deus! Não se corrompa!

Quantas pessoas que passam por situações difíceis ou até mesmo por uma separação largam Deus, O culpam, vão para o mundo se prostituir, saem com várias pessoas, ou seja, acabam indo para um buraco mais fundo ainda, porque não sabem lidar com aquela situação, com aquela prova. Por isso, é importante permanecer como Jó permaneceu! A Bíblia diz que ele permaneceu íntegro e fiel a Deus, não deixou de adorar a Deus.

Assim como Jesus não adorou o diabo quando o diabo disse para Ele: "Se prostrado me adorares...". Ele

Ariane Iracet | **133**

queria a adoração de Jesus, mas Jesus disse que não faria aquilo, e somente a Deus adoraria. O mesmo aconteceu com Jó, e ele adorou a Deus mesmo passando por grande provação. Até mesmo sua própria mulher disse para ele amaldiçoar a Deus e morrer. Ela estava sugerindo que Jó amaldiçoasse a Deus por tudo que ele estava passando e tirasse sua própria vida, que morresse de uma vez!

Geralmente, quando uma pessoa está numa prova, as outras pessoas não irão facilitar; essa é a grande realidade, pois muitas vezes a provação é só entre a pessoa e Deus.

Mas Deus é suficiente para que você saia dessa provação! Se você permanecer firme com Jesus, firme nos princípios, firme na sua adoração sincera a Deus, pode ter certeza de que vai conseguir romper nessa provação!

ROMPER A ALIANÇA COM AS TREVAS!

oé rompeu com as cadeias das trevas por meio de uma aliança com Deus.

◘◘

"Então disse Deus a Noé: O fim de toda a carne é vindo perante a minha face; porque a terra está cheia de violência; e eis que os desfarei com a terra. Faze para ti uma arca da madeira de gofer; farás compartimentos na arca e a betumarás por dentro e por fora com betume. E desta maneira a farás: De trezentos côvados o comprimento da arca, e de cinquenta côvados a sua largura, e de trinta côvados a sua altura. Farás na arca uma janela, e de um côvado a acabarás em cima; e a porta da arca porás ao seu lado; far-lhe-ás andares, baixo, segundo e terceiro. Porque eis que eu trago um dilúvio de águas sobre a terra, para desfazer toda a carne em que há espírito de vida debaixo dos céus; tudo o que há na terra expirará. Mas contigo estabelecerei a minha aliança; e entrarás na arca, tu e os teus filhos, tua mulher e as mulheres de teus filhos contigo. E de tudo o que vive, de toda a carne, dois de cada espécie, farás entrar na arca, para os conservar vivos contigo; macho e fêmea serão. Das aves conforme a sua espécie, e dos animais conforme a sua

*espécie, de todo o réptil da terra conforme a sua
espécie, dois de cada espécie virão a ti, para os
conservar em vida. E leva contigo de toda a comida
que se come e ajunta-a para ti; e te será para
mantimento, a ti e a eles. Assim fez Noé; conforme
a tudo o que Deus lhe mandou, assim o fez."*

(Gênesis 6:13-22)

00

*"E não perdoou ao mundo antigo, mas guardou
a Noé, a oitava pessoa, o pregoeiro da justiça,
ao trazer o dilúvio sobre o mundo dos ímpios."*

(2 Pedro 2:5)

Noé rompeu com a aliança das trevas! A Bíblia diz que ele foi obediente e era considerado justo, uma pessoa que achou graça aos olhos de Deus por causa da sua conduta. Então, de todos que havia, Deus se agradou de Noé e sua família.

Em Gênesis, no Antigo Testamento, não se fala em momento algum que ele pregou ou que as pessoas zombavam. Isso não está escrito na Palavra. Mas 2 Pedro 2:5 diz que ele foi um pregador da Justiça, então, provavelmente, Noé falou sobre a condenação, provavelmente

Noé pregou, já que a Bíblia diz que ele foi um pregador da Justiça.

Certamente, as pessoas não deram ouvidos à Palavra. Noé rompeu com as cadeias da desobediência, do pecado, da falta de aliança com Deus, que havia no meio do povo onde habitava. Quando as pessoas decidem romper com uma aliança das trevas, podem receber os benefícios e a bondade de Deus.

O coração daquele povo era mau, era duro, não era um coração quebrantado e arrependido. Ao contrário, a maldade era tanta que Deus chegou a se arrepender de ter criado o homem, de ter criado a humanidade, porque não havia arrependimento.

Mas na vida de Noé e da sua família Deus achou graça! Deus derramou do seu favor sobre Noé, porque ele não tinha aliança com as trevas.

Toda aquela geração estava corrompida, toda aquela geração se corrompeu com a maldade, com coisas ruins, com promiscuidade. Mas Noé se manteve sem aliança com as trevas e com a maldade, por isso Deus disse que ele e sua família entrariam na Arca.

Às vezes Deus vai dar uma direção e você vai começar a construir algo debaixo dessa Palavra. Com Deus é assim, edificamos a nossa vida em cima da rocha que é Jesus, em cima das direções de Deus, da Palavra de Deus, da vontade de Deus, da obediência a Deus, dizendo não para o pecado e sim para Deus. Assim, formamos uma aliança com Jesus, com Deus, e todos os dias temos que dizer não para o pecado.

Noé agradou a Deus, pois construiu a arca e obedeceu à instrução Dele. Às vezes não vão dar crédito ao que você está construindo. O processo de Deus, de confiar na Palavra de Deus e na Sua direção, naquilo que Deus lhe mostrou, pode ser desacreditado pelos seus familiares e pelos seus amigos.

Às vezes você vai estar servindo a Deus, mas as pessoas vão achar que você está perdendo tempo, que não está fazendo algo com fundamento ou que está perdendo os dias da sua vida. Quando estamos servindo a Deus, as pessoas do mundo olham e dizem: "Agora ela está perdendo o tempo dela. Agora virou fanático, agora não quer mais fazer nada!".

Mas vou lhe dizer que quando estamos com Deus não existe tempo perdido!

Não existe essa conversa de que "não adianta nada" ou que você está "perdendo sua vida". Sabe por quê? Porque quando você está caminhando com Deus e está construindo algo em Deus, fazendo a Sua vontade, pode ter certeza de uma coisa: Deus está agradado, e nem um minuto da sua vida, nem um segundo que você serve a Deus é desperdício! Porque Deus vê aquele que está Lhe obedecendo!

Há pessoas que serviram em alguma igreja ou serviram a Deus fazendo missões que, se enfrentam algum problema na igreja, pensam que tudo foi tempo

140 | Unção do rompedor

perdido. Às vezes se decepcionam, considerando que não foram tratadas como deveriam, que não foram reconhecidas e honradas.

O homem pensa assim, mas você não deve pensar desse jeito, mesmo que tenha tido um problema no caminho. Se foi a Deus que você serviu, se foi para Deus que fez, pode ter certeza de que vai colher os frutos da sua fé! Você vai colher os frutos da sua obediência.

Quando os discípulos perguntaram para Jesus o que eles ganhariam pregando, Jesus disse: "Vocês podem ficar tranquilos, porque andando comigo é cem vezes mais! É muito mais aquilo que eu tenho preparado para aqueles que me amam!". É o que a Palavra diz, que aquele que ama a Deus pode esperar!

∞

"Mas, como está escrito: As coisas que o olho não viu, e o ouvido não ouviu, e não subiram ao coração do homem, são as que Deus preparou para os que o amam."

(1 Coríntios 2:9)

Deus sempre tem o melhor! Por isso, nunca se arrependa de servir a Deus ou de ter servido a Deus em algum lugar, feito coisas para Deus como obras sociais ou ter sido o braço direito de um pastor, de uma pastora, mesmo que tenha se desacertado ou seguido outro rumo. Claro que isso não deveria acontecer, mas às vezes acontece de se desentenderem e cada um seguir o seu curso.

Não fique chateado, porque tudo que você faz é para Deus! Mesmo que erre nesse ponto, depois vai cair em si, porque Deus vai nos mostrar que foi para Ele, e não para homens.

Por isso que a Bíblia diz: que seja como para o Senhor o nosso serviço, e não para homens.

Se você fizer como Noé e seguir construindo, edificando sua vida, sua casa, seu trabalho em Deus, pode ter certeza de que Ele vai abençoá-lo e haverá rompimento na sua vida! E quando você menos esperar, vai disparar na frente, porque aqueles que obedecem são levados a outros níveis em Deus, a lugares onde muitas pessoas nunca terão privilégio de entrar, mas em que Deus o coloca porque você Lhe serviu!

Livros para mudar o mundo. O seu mundo.

Para conhecer os nossos próximos lançamentos
e títulos disponíveis, acesse:

🌐 www.**citadel**.com.br

f **/citadeleditora**

📷 **@citadeleditora**

🐦 **@citadeleditora**

▶ Citadel – Grupo Editorial

Para mais informações ou dúvidas sobre a obra,
entre em contato conosco por e-mail:

✉ contato@**citadel**.com.br